Somos todos responsáveis

*De que tipo de juventude
o Brasil precisa?*

*De que tipo de país
a juventude precisa?*

Antônio Ermírio de Moraes

Somos todos responsáveis

*De que tipo de juventude
o Brasil precisa?*

*De que tipo de país
a juventude precisa?*

Editora
Rosely M. Boschini

Coordenação
José Pastore

Produção
Marcelo S. Almeida

Assistente editorial
Rosângela Barbosa

Capa
Casa de Idéias / Daniel Rampazzo

Foto de capa
João Caldas

Projeto gráfico
Neide Siqueira

Revisão
Ana Cortazzo

Editoração eletrônica
Join Bureau

Copyright © 2007 by Antônio Ermírio de Moraes
Todos os direitos desta edição são reservados
à Editora Gente.
Rua Pedro Soares de Almeida, 114
São Paulo, SP – CEP 05029-030
Telefone: (11) 3670-2500
Site: http://www.editoragente.com.br
E-mail: gente@editoragente.com.br

Dados Internacionais de Catalogação na Publicação (CIP)
(Câmara Brasileira do Livro, SP, Brasil)

Moraes, Antônio Ermírio de
   Somos todos responsáveis: De que tipo de juventude o Brasil precisa? De que tipo de país a juventude precisa? / Antônio Ermírio de Moraes. – São Paulo: Editora Gente, 2007.

   Bibliografia.
   ISBN 978-85-7312-543-6

   1. Educação 2. Ética 3. Jovens – Brasil 4. Juventude – Atitudes 5. Juventude – Conduta de vida 6. Responsabilidade 7. Valores sociais I. Título.

07-2108   CDD-170

Índice para catálogo sistemático:
   1. Responsabilidade : Ética   170

Sumário

Apresentação   9

1. *O papel dos valores sociais*   13

    Uma conduta exemplar   15
    Brasil: um país destinado a dar certo   17
    Em busca dos valores básicos   19
    Produzir com objetivo social   21
    Aplicar bem os recursos   23
    Boas experiências no governo e no setor privado   25
    O sucesso de iniciativas populares   28
    O êxito do modelo híbrido na saúde   30
    O perigo da gastança   32

2. *A responsabilidade de cada um*   35

    A dinâmica populacional   37
    Desequilíbrio entre crescimento e pobreza   40
    A questão alimentar   43
    O bom uso da água   44
    Moderação no uso da eletricidade   47
    Os limites do petróleo   51
    Por trás de tudo: educação   53

3. A herança dos jovens — 59

Catastrofismo e otimismo — 62
Agressividade e violência — 64
Exemplos de garra e amor ao país — 66
Malandragem: educação e sanções — 69
O mito da preguiça — 71
O vírus da corrupção — 74
Combate à corrupção: mais ação e menos show — 76
Burocracia e corrupção: irmãs siamesas — 78

4. Os descaminhos da juventude — 83

Desemprego, frustração e desvios — 86
A criminalidade e a ação das autoridades — 88
Privilégio e impunidade — 90
A frouxidão no cumprimento da lei — 92
A pior de todas as guerras, contra as drogas — 94
Jovens na zona de risco — 95
A globalização dos entorpecentes — 96
Ações eficazes dos governantes — 98
Os males do fumo — 101
Guerra mundial ao tabagismo — 104
O jogo como trabalho — 105

5. A força das instituições — 109

O estado da democracia — 112
Campanha contra a demagogia — 114
Um despretensioso decálogo — 117
A lição de Thomas Jefferson — 118
Violência nas salas de aula — 120
Instituições e desenvolvimento — 122
As instituições do trabalho — 123
A Previdência Social — 126

A patologia da informalidade	130
A saída da crise	132

6. *A modernização da Justiça* — 135

A "evolução" do crime	137
Crise de moralidade	139
O desequilíbrio entre direitos e deveres	141
A descrença no Poder Judiciário	144
Alternativas de resolução de conflitos	146
As mudanças necessárias	148
Simplificar as leis	150
Justiça, crescimento e democracia	153

7. *O futuro do emprego* — 157

Investimentos e emprego	160
Os empecilhos ao investimento	162
Investimento na produção	164
Emprego e comércio internacional	166
A sensibilização dos países mais avançados	169
Ações domésticas para o comércio externo	170
As nossas lições de casa	172
Como competir com a China?	174
Estabilidade econômica e empregos	176
Empregos de má qualidade	178
As reformas de segunda geração	179
Confiança ilimitada no Brasil	182

Apresentação

O propósito deste livro é consolidar um conjunto de informações e reflexões sobre os destinos do Brasil, com muita ênfase no papel da juventude. Ao me aproximar dos 80 anos de vida, sinto necessidade de externar as experiências acumuladas em 57 anos de trabalho nas áreas da produção, da educação e da saúde.

Dediquei quase todas as horas de minha vida às mais diversas atividades nessas três áreas. Enfrentei e continuo enfrentando enormes dificuldades para produzir em favor de um projeto lastreado em uma grande quantidade de empregos. Nunca as famílias brasileiras passaram por tantos apertos para trabalhar e criar seus filhos. É verdade que a população cresceu muito. Somos quase 190 milhões de habitantes. Mais de 2 milhões de jovens se apresentam, anualmente, para o ingresso no mercado de trabalho. Um enorme estoque de desempregados não consegue encontrar colocação anos a fio. Dentre os que trabalham, a grande maioria não conta com as proteções necessárias. A renda é baixa, e sua distribuição, desumana.

Sou um grande inconformado com esse quadro precário. O Brasil é um país privilegiadíssimo. Tem tudo para dar certo e se tornar uma grande usina de empregos – e bons empregos. Os obstáculos que temos pela frente são criados pelos próprios brasileiros. É um cipoal de leis de grande complexidade que desestimula muitos investidores. É uma Justiça morosa que desanima quem precisa de soluções a tempo para poder decidir e implementar seus planos. É uma burocracia hilariante que atravanca as iniciativas e cria oportunidades para desvios e corrupção. É uma insegurança que gera o medo no lugar da alegria e da confiança nas pessoas.

Mas o meu inconformismo não é com o Brasil. Ao contrário, sou daqueles que investe porque confia no país e na juventude. Apesar de todos os descaminhos a que são submetidos, nossos jovens são maravilhosos. Basta ver o esforço que rapazes e moças fazem todos os dias para cursar escolas noturnas depois de uma longa jornada de trabalho. Basta ver a criatividade que eles injetam no campo cultural, na criação artística, na música, no teatro, no cinema e nas artes plásticas. Basta ver como brilham nos esportes que exigem disciplina e empenho.

A cada dia nos deparamos com um novo jovem. Ele sofre influências de acontecimentos muito dinâmicos que caracterizam a sociedade em mudança dentro da qual vivemos. Mas grande parte dos problemas que afetam sua vida está ligada a nós, adultos, e a instituições precárias. Ninguém nasce bandido, tampouco santo. A formação do caráter depende dos exemplos dos adultos e, adicionalmente, de uma boa educação.

Muitos de nossos jovens carecem dos dois amparos. Mas a sua natureza é boa. O brasileiro é amável, cordial, tolerante. O que precisamos mudar está no campo institucional. Temos de ser mais práticos. Simplificar as organizações governamentais. Reduzir a burocracia. Cunhar leis de boa qualidade. Aperfeiçoar as regras de seu cumprimento. E, com isso, transmitir à juventude os valores da ética, da moral, do zelo pelo estudo, do carinho pelo trabalho, do respeito ao próximo, e assim por diante.

O leitor verá que, no fim de cada capítulo, enfatizo a necessidade de mudarmos as instituições para resgatarmos as condutas construtivas

Apresentação

entre os jovens do Brasil. Repetirei isso várias vezes ao tratar da família, da escola, da Justiça, da polícia, da proteção do meio ambiente e de outras instituições. Tratarei das mazelas que atingem a nossa juventude, mas ressaltarei os inúmeros bons exemplos que os jovens estão dando a nós, adultos. Relatarei aqui os casos bem-sucedidos dos profissionais e das instituições que trabalham em condições precárias. Procurarei deixar ao leitor uma mensagem de alento para que tenha esperança até mesmo em relação às instituições mais criticadas.

A educação ocupará um grande espaço de minha narrativa. Mas a saúde também será contemplada. Não sou médico. Minha experiência nesse campo é meramente administrativa. Passei mais da metade de minha existência ajudando a administrar hospitais dedicados ao atendimento dos mais pobres e enfrentando as condições mais desfavoráveis para se fazer um bom trabalho e, ainda assim, esse bom trabalho surgiu e continua surgindo como resultado do conhecimento, do treinamento e, sobretudo, do espírito de solidariedade dos profissionais da saúde e de uma administração sóbria e humana. A intenção, nesse caso, é transmitir aos jovens que este país tem jeito, até mesmo nas áreas mais complexas e menos amparadas.

Uma grande parte do material aqui apresentado já foi explorada nos artigos que venho publicando aos domingos no jornal *Folha de S. Paulo* desde 1991. É uma grande oportunidade que meu amigo Octavio Frias de Oliveira abriu para forçar uma sistematização de minhas idéias antes de expô-las aos leitores. Estou aprendendo muito com esse exercício semanal, que, aliás, me induziu a pesquisar assuntos que extrapolam minha área de atuação. Aprendi também com as críticas e os comentários dos leitores que freqüentemente me escrevem para corrigir ou qualificar as propostas apresentadas.

Espero que estudantes, professores, jovens trabalhadores, donas de casa e todos que vierem a ler este livro encontrem nele a imensa fé que tenho neste país e no nosso povo e se contaminem com ela. Não tenho a menor pretensão de dar receitas para o Brasil, e sim a vontade de pôr idéias em debate para os que terão a responsabilidade de tocar esta grande nação daqui para a frente. Do debate – espero – nascerá a luz que encobrirá o obscurantismo do passado e iluminará os anos do futuro.

Antônio Ermírio de Moraes

1

O papel dos valores sociais

Numa sociedade tão materialista como aquela em que vivemos nos dias atuais, os valores sociais tendem a se confundir e até mesmo enfraquecer. Entretanto, é com eles que os seres humanos contam para garantir uma certa permanência das atitudes e condutas.

A sociedade sempre reflete o resultado de forças que se repetem e forças que se modificam. Os valores é que garantem essa dinâmica. Grande parte deles se arrasta por anos e décadas a fio enquanto outra parte se transforma e marca os tempos do novo.

A formação dos seres humanos, em especial das crianças e dos jovens, depende de uma boa transmissão dos valores essenciais à preservação do que é mais básico e das inovações que decorrem do entrechoque do velho com o novo. Tratarei neste capítulo dessa dinâmica, ressaltando a importância dos valores na determinação das condutas dos indivíduos e dos grupos sociais.

Uma conduta exemplar

A primeira vez que vi o assunto estampado nos jornais foi em 1992. Depois, vários episódios do mesmo tipo foram enaltecidos pela imprensa. Refiro-me a uma pobre dona de casa de São José dos Campos (cidade do interior de São Paulo) que devolveu a um banco uma fabulosa importância depositada em sua conta-corrente por engano. O gesto recebeu comentários de todos os tipos. Alguns foram engrandecedores, pois com o fantástico depósito dona Alaíde conseguiria construir a "bagatela" de 132 mil casas iguais à sua! Outros, porém, foram comprometedores, pois consideraram dona Alaíde uma mulher ingênua. Houve ainda os irônicos, que a chamaram de boba ou medrosa por não ter sacado o dinheiro.

Descobri que dona Alaíde era uma pessoa simples, mulher de um pequeno comerciante. No rol dos comentários maldosos, ninguém destacou a sua retidão de conduta. As pessoas pareciam não acreditar existir seres humanos que se comportam corretamente. E não era para menos. Na mesma época saíram os resultados de uma pesquisa sobre a moral coletiva de nossa sociedade, mostrando que 93% da população achava que o brasileiro, quando em dificuldade, tenta subornar o fiscal ou o policial que "ouse" aplicar-lhe a lei. Repito: 93%!

Esse era um dado estarrecedor, pois revelava que o brasileiro tinha uma péssima imagem de si mesmo. Dona Alaíde era, assim, uma agulha microscópica num gigantesco palheiro. Não à toa seu comportamento tinha sido alvo de chacota. Muitos chegaram a dizer que, por ser "burra", ela merecia ser pobre – numa espantosa inversão da moral.

Num mundo de tantos desmandos e marcado por uma corrupção endêmica, passei a observar de que modo se trata a conduta reta e honesta no Brasil. Fiquei intrigado com os fatos observados. Ela parece ter se tornado tão rara que, certa feita, o Presidente Lula homenageou, com grande alarde da televisão, um taxista que devolveu ao dono uma carteira recheada de dinheiro e esquecida em seu veículo. Na solenidade, aliás pomposa, o Presidente enalteceu o bom exemplo de conduta.

Ora, será que a honestidade precisa ser enaltecida? Ela não é uma obrigação de todas as pessoas? É possível construir uma sociedade onde todos mentem para todos?

Os fatos relatados aconteceram antes da tempestade de maus exemplos que vieram de integrantes destacados do governo federal nos anos de 2005 e 2006. Mas a degradação moral vem de longe. Sonegar impostos, subornar fiscais e comprar policiais são esportes antigos para uma boa parcela da nossa sociedade. Dar "bola" a guardas rodoviários é um hábito que chegou ao Brasil junto com o automóvel. Cobrar "taxas de urgência" para fazer as coisas acontecerem nas repartições públicas fez surgir uma grande comunidade de profissionais que se tornaram "indispensáveis" para que os direitos sejam materializados – os despachantes. São homens e mulheres que conhecem todos os escaninhos da lei e que se especializaram em "engraxar" as juntas dos paquidermes burocráticos.

O fato mais grave não está nos despachantes. A má conduta dos superiores – essa sim é perversa, pois dissemina a descrença, deteriora a moral e leva as pessoas a perguntarem: afinal, se os graúdos podem por que eu não posso?

Infelizmente, esse é o ambiente em que nossas crianças e jovens vêm sendo educados – ou deseducados. E isso é grave porque o futuro da nossa gente e do nosso país depende dos que estão sendo criados nos dias de hoje.

Brasil: um país destinado a dar certo

Este Brasil tem cura? Penso que sim. Recebemos de Deus um país maravilhoso em matéria de extensão territorial, clima, recursos naturais, água e tantas outras dádivas que são de fazer inveja a muitas nações que nada têm. Com tamanha gama de riquezas, o Brasil é um país destinado a dar certo. Nosso trabalho principal tem de ser a formação de gerações capacitadas, amantes da pátria e, sobretudo, bem educadas dentro de princípios éticos. A boa conduta não é para ser elogiada, mas praticada. É grave quando a imprensa ou o governo precisa proclamar o bom comportamento. Isso significa que ele é raro.

A formação da nossa juventude é a chave para se ter um país desenvolvido e civilizado dentro de vinte ou trinta anos. A trajetória é longa, sem dúvida. Educar toma tempo. Construir boas instituições exige esforço. Fazê-las funcionar adequadamente demanda uma vigilância permanente. Essa é a razão pela qual as nações avançadas gastaram décadas e até mesmo séculos para passar de um estágio a outro.

No centro de todas as ações, temos de contar com as condutas éticas. É no campo da ética que fazemos as distinções entre o certo e o errado, entre o justo e o injusto. No passado, dizia-se que as políticas econômicas tinham de se guiar fundamentalmente pela racionalidade, pouco importando a questão dos valores e da moral. Cheguei a ler, estarrecido, declarações de um importante ministro de Estado do Brasil que se orgulhava de repetir que a Economia é uma ciência aética. Para ele, o importante era chegar nas contas certas, fechar o balanço e manter as finanças equilibradas, pouco importando se as políticas respeitavam e atendiam aos interesses dos mais necessitados. A dimensão humana passava a quinhentos anos-luz das medidas implementadas – todas elas em nome de uma racionalidade sem ética.

Hoje, felizmente, esse tipo de mensagem tornou-se herética. Está cada vez mais claro que as políticas macroeconômicas, por mais racionais que sejam, não conseguem reduzir automaticamente o sofrimento dos mais pobres nem corrigir os desmandos e a corrupção dos governantes. Na verdade, tais políticas têm uma enorme dificuldade para atingir metas sociais e implementar princípios de justiça que redundem na melhoria das condições de vida das pessoas.

Penso que isso precisa ser corrigido. Afinal, as políticas públicas não são feitas para se atingir um bem público? Se assim é, não se pode deixar de lado os valores sociais na tarefa de fazer crescer um país. Para o futuro da nação e de seu povo, assim como para a construção e o amadurecimento da democracia e a garantia das liberdades, a retidão de conduta e o bem-estar social são o centro de gravidade do esforço humano.

Em busca dos valores básicos

Começamos a viver novos tempos, felizmente. A moderna literatura econômica está adquirindo uma outra face. Embora grande parte ainda se mantenha agarrada à frieza das equações econométricas que satisfazem seus autores quando o resultado matemático é consistente, os economistas estão sendo desafiados a pensar, cada vez mais seriamente, na questão da inclusão social. Para que serve um PIB em crescimento se as pessoas não se beneficiam dele?

No mundo do crescimento sem propósito social não há lugar para sobriedade, modéstia, solidariedade e amor ao próximo. A corrida é pela busca de mais e mais, sem se preocupar com o que acontece ao redor dos ganhadores. Em muitos casos, estes só se tornam ganhadores quando conseguem destruir quem lhes atrapalha. Na linguagem da velha economia, essa destruição se justificava por indicar a vitória da eficiência, da produtividade e da racionalidade. Hoje, as coisas são diferentes. A sociedade reage. Os grupos protestam. Muitos agridem.

Será que podemos continuar usando o sucesso como mero sinônimo de contas equilibradas, mesmo que isso seja conseguido à custa da permanência da miséria, da pobreza, da violência e de outras formas de destruição humana? É esse o tipo de vida que traz paz aos seres humanos e fé na inteligência que Deus lhes deu?

Penso que não. O mundo está mostrando que as desigualdades não passam impunes. O crescimento do PIB no meio da pobreza é a pior de todas as alternativas de desenvolvimento. Progredir com base na destruição dos mais fracos é a mais desumana das estratégias disponíveis ao homem.

Estão aí embutidos os grandes desafios da sociedade moderna. A globalização é um fato que não tem volta. Mas ela não pode ser sinônimo de desumanização. O que precisamos é de estratégias que valorizem os mais eficientes e alavanquem a capacidade dos menos eficientes. Penso que os fins não podem justificar os meios. Não podemos sacrificar gerações ou enganá-las diariamente oferecendo educação de má qualidade e criando instituições de fachada.

Educação e instituições são elementos fundamentais para construir uma sociedade eficiente e humana. Nesses dois campos, o Brasil tem muito a aperfeiçoar. Mas nada de fatalismo. Temos de lutar para que isso ocorra. Afinal, é daí que nascerá o novo caráter do brasileiro ou, melhor dizendo, o caráter que se orienta pela moral e pela distinção entre o justo e o injusto.

Fala-se, por exemplo, em tornar o brasileiro um bom contribuinte e reduzir o número daqueles que tentam subornar o fiscal e sonegar impostos. Mas, se esse é o desejo, qual é o mecanismo para chegar lá? Educação e instituições são as peças-chave. Estão aí, no meu modesto entender, as duas grandes necessidades do Brasil. São dois temas que não podem sair da agenda de trabalho dos próximos vinte ou trinta anos. São os assuntos que os nossos jovens estarão sendo convidados a enfrentar assim que entrarem no mercado de trabalho, e até antes disso.

As duas áreas demandam enorme criatividade. Na educação, precisamos ensinar o que é útil e o que é justo. Nas instituições precisamos criar mecanismos de controles automáticos por meio dos quais os seres humanos se autofiscalizem e autogovernem. Com tais estratégias, a economia tornar-se-á naturalmente um meio e não um fim. E a finalidade maior da ação econômica, a felicidade do ser humano, será alcançada.

Produzir com objetivo social

Reuni neste livro algumas de minhas reflexões sobre o futuro da juventude e o futuro do Brasil. Não pretendo ser dono da verdade. Não escrevo para dar lição de moral. Relato apenas a experiência de mais de meio século de trabalho que demandou muita atenção à formação de pessoas com o propósito de elevar o bem-estar da sociedade em geral. Nesses anos, empreguei muita gente, **ajudei a formar** pessoas e procurei promovê-las dentro do melhor sentido de **justiça**. Interagi intensamente com as comunidades, com os governantes e com as organizações sociais em geral.

Chego perto de meus 80 anos de vida **sem receitas** acabadas sobre como construir um bom país. Mas guardo **comigo** vários recados que a vida me passou sobre o que dá mais certo na **promoção** de oportunidades de trabalho para quem precisa crescer e **formar sua família** com base nos valores da dignidade e do respeito. É meu desejo passar ao leitor as mensagens principais, as que me calaram mais fundo e deixaram um alerta para que eu não esqueça de transmiti-las diariamente aos meus filhos e netos.

O que é produzir com objetivo social? É construir uma base sólida para reduzir a pobreza e a miséria do povo.

Quando falam em pobreza e miséria, os pesquisadores digladiam-se numa verdadeira guerra de números. Fica difícil ao leigo, por exemplo, saber exatamente a quantidade de pobres e miseráveis do Brasil. Uns falam em 17 milhões, outros, em 34 milhões.

Como engenheiro, não tenho condições de avaliar o trabalho dos economistas e dos sociólogos. Já tentei conciliar os dados, solicitando informações de uns e de outros. As dificuldades continuam.

Apesar do desencontro, porém, há um fato estarrecedor e inegável. É gigantesco o número de brasileiros que carregam uma vida sofrida, insegura e desamparada. Não deveria ser assim. Trata-se de um estado de coisas vergonhoso em face das enormes potencialidades do país.

Mais: no modelo atual, mesmo que a sua economia cresça, o Brasil levará muito tempo para reduzir significativamente o número de pobres e miseráveis. Segundo cálculos do Instituto de Pesquisa Econômica Aplicada (Ipea), órgão vinculado ao Ministério do Planejamento, precisamos crescer no mínimo 5% ao ano para dobrar a precária renda *per capita* ao longo dos próximos dez ou quinze anos. E isso não significa que teremos uma distribuição mais igualitária dessa renda.

Um problema dessa natureza não pode ser resolvido com programas de assistencialismo. Acudir os que sofrem é dever de todos nós. Mas os que sofrem continuarão sofrendo no momento em que os programas forem interrompidos – o que um dia acontecerá, pois o Estado não tem condições de mantê-los de forma permanente. Melhor será, é claro, fazer crescer a economia, educar bem as crianças e gerar oportunidades de trabalho para todos.

Em outras palavras, o país necessita de uma arrancada de crescimento que gere empregos para que as pessoas possam produzir e ganhar seu sustento – em lugar de se perpetuarem como destinatárias do assistencialismo. Penso que essa será a forma mais eficaz e mais respeitosa de tratar os nossos irmãos que vivem na pobreza e na miséria.

Aplicar bem os recursos

Para que esse projeto tenha sucesso, a boa aplicação dos recursos é essencial. Esse princípio vale para um país, para uma empresa e para uma família. O que mais conta não é a quantidade de recursos nem as boas intenções, e sim a utilização adequada e ética desses recursos.

Milton Friedman, Prêmio Nobel de Economia em 1976, defendeu durante toda a sua vida que a maior parte dos problemas sociais dos Estados Unidos, tais como a deterioração da educação, o encarecimento da saúde, a elevação da criminalidade e outros, é produzida por ações "bem-intencionadas" dos governantes.

Essa causalidade, dizia o mestre, é fácil de documentar. O difícil é entender *por que* o governo é o problema. Num pequeno ensaio (*Why Government Is the Problem*, Hoover Press, 1993) ele mostrou que, no setor público, o desperdício de recursos é a norma, sendo sempre mais grave do que a escassez dos mesmos.

E isso acontece não porque os burocratas e os legisladores são más pessoas, mas, simplesmente, porque existe uma enorme diferença entre os interesses dos indivíduos quando eles se engajam em ações públicas ou em ações privadas. Essa diferença é tanto mais acentuada quanto menor é o controle do povo sobre os governantes.

A má aplicação dos recursos perdura até hoje. Na área da saúde, por exemplo, os Estados Unidos investem 16% de seu enorme PIB e o Japão 8%. Pois bem. A vida média dos japoneses é 20% mais longa do que a dos norte-americanos e os desperdícios são muito menores. A causa da diferença está na boa administração dos recursos de prevenção e terapia das doenças.

Se a causalidade é essa nos Estados Unidos, que têm uma democracia madura, vários sistemas de controle e um povo bem-educado, o que dizer do Brasil, onde tudo isso é incipiente?

Para quem pretende pesquisar o desperdício, nosso país é um laboratório exemplar. Os estudos do Banco Mundial sobre a saúde e a educação no Brasil têm demonstrado *ad nauseam* que o problema não está no fato de o governo gastar pouco nessas áreas, mas, sobretudo, no de gastar mal.

Na administração pública os "ralos" do desperdício e da corrupção são mais difíceis de ser controlados. Tomemos o exemplo da saúde nos EUA. Há vários anos os norte-americanos detectaram um conluio doloso entre pacientes, médicos e farmácias. O mecanismo era simples: um médico do Medicaid (que corresponde aproximadamente à nossa assistência social) receitava um remédio desnecessário para um paciente; este vendia a receita à farmácia por um preço irrisório e esta cobrava do governo o preço real, podendo ainda comercializar o produto no câmbio negro, com ganhos adicionais. Milhões e milhões de dólares foram desviados dessa maneira e o problema, embora em menor escala, persiste até hoje.

De tudo isso se aprende a lição de que nas atividades do governo, por melhor que sejam as intenções dos governantes, a probabilidade de fraudes e desperdícios é maior.

Mas nenhum país pode viver sem governo, é óbvio. O que se impõe é a articulação de três medidas para coibir os desvios: o enxugamento das burocracias, o aumento da produtividade e a maior participação da sociedade. No momento em que os cidadãos comuns tiverem estímulos para controlar o governo e até mesmo para realizar parte das tarefas que hoje são atribuídas ao Estado, certamente o desperdício será menor e os resultados serão melhores.

Boas experiências no governo e no setor privado

Isso não quer dizer que a corrupção esteja ausente na iniciativa privada. Nem que a mera privatização seja a fórmula mágica para aumentar a eficiência dos investimentos. O próprio Brasil mostra experiências bem e malsucedidas nos dois campos. O que faz a diferença é a administração austera, séria, simples e realizada com dedicação, atenção e humildade.

Visitei, em 1996, o Projeto Carajás. Fiquei impressionado com o que vi: uma empresa estatal dando lições a muitas empresas privadas. A Companhia Vale do Rio Doce, que ainda não tinha sido privatizada, dava ali um verdadeiro show de racionalidade, mostrando que sabia gerir bem os recursos, competir com eficiência e, sobretudo, garantir uma vida condigna para seus funcionários e para todas as comunidades de seu entorno.

É preciso lembrar que, naquela época, completavam-se cinqüenta anos de preços estagnados do minério, que era negociado a 17 dólares por tonelada no mercado internacional. Apesar disso, a empresa ampliou sua produção, aumentou seus lucros e cuidou muito bem de sua gente. Foi um crescimento cercado de justiça e bem-estar social. As instalações para os empregados eram de primeira. A qualidade de vida, das mais altas, com boas escolas, saúde bem cuidada, lazer sadio e, sobretudo, muita educação dos cidadãos que ali viviam. Não vi um papel na rua nos bairros por onde andei.

Muitos me perguntavam na época: por que privatizar a Vale? A resposta era difícil. Possuímos a maior reserva de minério de ferro do mundo e consideráveis quantidades de minério de cobre, manganês e ouro, que, por sua vez, estavam sendo bem explorados e com total respeito à natureza e ao meio ambiente. O negócio era bom, estava dando lucro e os funcionários estavam felizes.

Mas a privatização foi marcada e realizada. Dali para a frente as condições do mercado internacional melhoraram. E a administração, ainda mais. Hoje, a Companhia Vale do Rio Doce é marca internacional, compra grandes empresas no exterior e apresenta resultados cada vez melhores. O que conta, portanto, é a boa administração.

Dois anos depois, em 1998, visitei uma plataforma de extração de petróleo da Petrobras. Depois de chegar ao Rio de Janeiro e viajar uma hora em um helicóptero robusto de 24 lugares, cheguei a uma delas, na bacia de Campos. Pude ver ali a complexidade daquela operação. A quantidade de conhecimentos acumulados naquele fabuloso engenho é fantástica. Extrair petróleo do fundo do mar não é novidade. Mas perfurar um poço de 3.500 metros de profundidade depois de vencida uma lâmina d'água de mais de mil metros é uma obra que dá orgulho de ser brasileiro. E é bom saber que hoje essa profundidade já foi ultrapassada pela própria Petrobras, com pleno êxito.

O sucesso da Petrobras na busca de petróleo em águas profundas é reconhecido no mundo inteiro. E o desenvolvimento dessa capacidade foi muito importante para o Brasil. Em 1988, o país gastava o correspondente a 80% de suas exportações para comprar petróleo. Hoje, já desfruta da auto-suficiência.

Isso não ocorreu por milagre. Ao contrário, foi fruto de muita pesquisa e de uma enorme competência profissional – sem contar, é claro, os milhões de horas de trabalho, dia e noite, para fazer saltar a produção diária de petróleo de 300 mil barris, em 1975, para mais de 1,9 milhão nos dias atuais.

Gostei muito do que vi. Se as condições de acesso não fossem tão difíceis, seria tentado a sugerir que todas as nossas crianças e os nossos adolescentes passassem por lá para testemunhar o talento dos nossos pesquisadores e a garra dos nossos trabalhadores. Trata-se de um caso de sucesso em uma administração estatal. E esse sucesso não foi só econômico. A Petrobras propicia alta remuneração a seus empregados e tem grande sensibilidade para as áreas da educação e da saúde. Ali ninguém fica sem apreender continuamente.

Por isso, não defendo a privatização por ideologia. Penso que o fundamental é o bom gerenciamento do empreendimento. No Brasil, temos exemplos disso nos campos estatal e privado.

Vejam o caso da Embraer. Trata-se de uma administração privada e baseada na formação de talentos de primeira grandeza pelo Instituto Tecnológico da Aeronáutica (ITA) de São José dos Campos. Foi ali que se deu a preparação dos cérebros que antecedeu a tudo e a todos.

O ITA nasceu certo. Numa época em que os cientistas tinham uma verdadeira ojeriza pela pesquisa aplicada, o Instituto buscou a sinergia entre ciência, tecnologia e indústria, rompendo o divórcio que existia entre a ciência e a engenharia, a engenharia e a pesquisa e entre estas e o setor produtivo. Muito cedo na sua história, o ITA passou a enviar os bons talentos às melhores universidades do mundo, ajudando a formar a massa crítica que, em seguida, passou a dar frutos nos campos das inovações tecnológicas e dos avanços científicos.

A Embraer surgiu, assim, em um ambiente privilegiado em matéria de educação, disciplina de trabalho e inovação científica e tecnológica. O resultado está aí. A empresa é um dos mais importantes patrimônios nacionais, sustentando quase 20 mil empregos diretos e exportando as aeronaves que levam o nome do Brasil para o mundo inteiro, sem contar o enorme uso doméstico. A comunidade em torno da Embraer se desenvolveu a ponto de apresentar um dos mais altos níveis de qualidade de vida do Vale do Paraíba e do próprio estado de São Paulo.

O mesmo se pode dizer da Embrapa. Durante muitas décadas, a pesquisa agrícola ficou divorciada das reais necessidades do país. Foi em meados da década de 1970 que um grupo de pesquisadores estimulou o governo a transformar as repartições públicas no campo da pesquisa agropecuária – geralmente realizada com pouca sensibilidade em relação ao mercado – em uma empresa bem organizada e construída com base em um programa que, de início, formou mais de mil pesquisadores nas melhores universidades do exterior. No seu retorno, eles usaram o que aprenderam para fazer adaptações de enorme importância para a alimentação do povo brasileiro e para a balança comercial. Hoje, a Embrapa é responsável pela criação de um grande número de variedades de plantas e animais, assim como por programas de melhor uso do solo, proteção da natureza e prevenção de doenças, o que assegurou ao Brasil os mais altos níveis de produção e produtividade em muitas culturas. Foi a vitória da educação, da disciplina e do trabalho bem-feito – dentro de uma empresa estatal.

O sucesso de iniciativas populares

Como se vê, o que determina o sucesso é a administração austera e baseada no melhor nível de conhecimentos existentes. Vou narrar uma experiência de vida que me surpreendeu e deixou marcas na minha mente até os dias de hoje.

Em 1995, pela primeira vez, assisti ao desfile do Carnaval na Marquês de Sapucaí, no Rio de Janeiro. Fiquei maravilhado, e por vários motivos. Em primeiro lugar, pelo alto espírito de patriotismo das escolas de samba. Não há uma que não tenha enaltecido o Brasil, destacando ora a garra do povo, ora o heroísmo dos nossos antepassados, ora a pujança da nossa natureza. Tudo escrito e narrado com a necessária simplicidade para o povo entender e cantar junto. Uma verdadeira festa em homenagem à pátria.

Em segundo lugar, constatei o sentido de trabalho duro e zeloso que corre o ano inteiro entre os que se preparam para os 80 minutos de desfile. Seus integrantes se empenham muito em fazer tudo com o máximo carinho e, com isso, apresentar o que julgam ser o mais belo e o mais autêntico espetáculo.

Em terceiro lugar, destacou-se ali um grande show de contrastes. A grandeza do espetáculo ficou na rua. O comando foi dos passistas. O regente de tudo foi o mestre-sala. A rainha foi a porta-bandeira. A comissão de frente, dona do show. Nós, da platéia, fomos testemunhas de uma festa montada por gente humilde para dizer à elite que, pelo menos por alguns dias, o povo comanda o espetáculo da vida e a nós, os observadores, é dada a missão de aplaudir. Que bom se essa regra de humildade e igualdade pudesse ser perpetuada o ano inteiro!

Ou seja, o Brasil tem bons exemplos de administração bem-feita até mesmo no mundo da informalidade – quando as ações são levadas a sério e com propósitos sociais.

Outro belo exemplo é o da Orquestra Sinfônica de Heliópolis, a maior favela da cidade de São Paulo, onde 40% das casas não têm esgoto e 60% das ruas não têm asfalto. Centenas de famílias moram em barracos improvisados.

Estive pela primeira vez naquela comunidade em 1986. A população chegava a 100 mil habitantes. Hoje são mais de 130 mil. Ali vivem cerca de 60 mil crianças de 7 a 14 anos, a maioria estudando em condições precárias.

Há dez anos surgiu a idéia de formar entre os jovens uma orquestra sinfônica. Poucos acreditaram nesse sonho. A maioria sugeriu distribuir tamborins, reco-recos, zabumbas etc., que, segundo o senso comum, são a única vocação da juventude carente. As lideranças locais seguiram outro caminho. Alugou-se um galpão, compraram-se os instrumentos, contrataram-se os professores, que, sob a orientação de competentes e dedicados maestros, puseram a criançada a aprender os vários instrumentos da orquestra.

Foram dez anos de trabalho. Hoje, a Orquestra Heliópolis toca nas melhores salas de concertos, mantém um alto padrão musical e conquistou a atenção do mundo inteiro, a ponto de ter sido regida pelo maestro Zubin Mehta, uma das maiores celebridades da música atual. Um de seus integrantes já estuda na Academia da Orquestra Filarmônica de Israel e outros estão igualmente a caminho do exterior para aperfeiçoamento.

Está aí o milagre da educação. Gente sem recursos, beirando a zona dos grandes riscos sociais, abraçou a música para deixar o submundo para trás e, com isso, ganhou uma bela profissão.

O êxito do modelo híbrido na saúde

Não quero finalizar este capítulo introdutório sem citar outro exemplo de sucesso em condições precárias. Refiro-me ao tratamento da saúde realizado em alguns (infelizmente, poucos) hospitais conveniados com o Sistema Único de Saúde (SUS) e nos quais o rigor da administração provou ser a chave para potencializar os parcos recursos daquele organismo.

Na saúde, assim como na educação, previdência e segurança, o segredo não está em gastar muito, mas em gastar bem. Mesmo com a irrisória tabela de preços praticada pelo SUS em relação aos hospitais privados, é possível fazer um bom trabalho. Isso pode ser observado em alguns (poucos) hospitais que oferecem recursos humanos e tecnológicos de primeira qualidade para doentes internados pelo SUS. A Beneficência Portuguesa de São Paulo é um deles.

Esse hospital, que é privado, tem mais de 60% de seus leitos ocupados por doentes do SUS. Apesar disso, o hospital mantém suas finanças equilibradas, conta com um quadro de profissionais de alto padrão e oferece uma tecnologia de ponta em praticamente todos os ramos da medicina. Pelas avaliações dos próprios doentes, o serviço é considerado bom a ponto de atrair pacientes de todo o Brasil e até do exterior.

O que me parece importante é verificar a razão do sucesso de um projeto como esse, mesmo porque a maioria dos hospitais conveniados está abandonando essa atividade, o que é uma pena. O que acontecerá com a imensa legião de doentes necessitados se a debandada for levada às últimas conseqüências? A rede pública sozinha não tem capacidade de atender a quem precisa, e dificilmente o terá nos próximos quinze ou vinte anos. Por isso, não há outra saída senão a de aperfeiçoar o modelo híbrido, melhorando a remuneração aos hospitais privados que desejam atender aos que não podem pagar e, sobretudo, melhorando a sua administração.

No caso em questão, não houve milagres. Por razões do destino e a pedido de meu pai, dediquei quatro anos de trabalho ao Hospital da Cruz Vermelha, quatro anos ao da Cruz Verde e completo, em 2007, 36 anos de dedicação à Beneficência Portuguesa – todos eles destinados ao atendimento de doentes pobres.

Penso que o acompanhamento pessoal e contínuo é que garantiu, em grande parte, a boa aplicação dos recursos. Essa tarefa é trabalhosa, pois requer a supervisão detalhada dos investimentos físicos, da compra e manutenção dos equipamentos e dos milhares de itens que compõem o consumo de um grande hospital, assim como a manutenção de um bom esquema de formação de pessoal, não só nas especialidades médicas e de apoio, mas, sobretudo, no campo do bom atendimento aos pacientes.

O insumo básico da supervisão constante é o tempo. É muito mais fácil assinar um cheque do que dedicar horas a fio ao monitoramento de uma organização complexa como é um enorme hospital – no caso, com mil leitos e mais de 5 mil funcionários. A assinatura do cheque é rápida e o desembolso mais ligeiro ainda. Mas nada disso resolve o problema do bom uso dos recursos. Este depende de um vasto investimento de tempo e de muita atenção em todas as operações, como se faz na administração das empresas. O mais importante desse investimento é que ele dá certo, mesmo nas condições mais precárias. Isso é gratificante para as pessoas que sentem a necessidade de exercer a sua responsabilidade social ajudando a melhorar a vida dos mais necessitados.

O perigo da gastança

Racionalização de gastos e dedicação na administração dos recursos são fundamentais para o governo, a iniciativa privada e a sociedade em geral. Neste livro, insistirei muito na racionalidade dos gastos públicos.

No final de 2006, foi triste verificar que as despesas correntes do governo cresceram 15% naquele ano, em comparação com uma inflação de 4%. Mais espantosa ainda foi a proposta do governo de não fazer nenhum corte de despesas para 2007. O pior é que a gastança do governo tem sido impotente para investir naquilo que é essencial para o nosso crescimento: infra-estrutura, saúde e educação.

O Brasil não está crescendo o que precisa. Pode-se dizer o que for: que a inflação está baixa, que a balança de pagamentos está saudável e que os juros estão caindo. Esse foi o quadro de 2006. Apesar disso, continuamos na rabeira da maioria dos países emergentes em matéria de crescimento. Crescemos 2,3% em 2005 e 2,9% em 2006. Isso é ridículo em face das nossas necessidades e das nossas potencialidades. Nesse ritmo, levaremos cerca de cem anos para chegar à renda *per capita* da Coréia do Sul!

Sem um severo controle do déficit público não se chega a um bom crescimento. Este é o quadro atual: explosão de despesas e encolhimento de investimentos. Não é à toa que o desemprego ficou em 10% em 2006. Todos sabem que o emprego de hoje resulta do investimento de ontem. Como não houve investimento, temos de amargar o desemprego. E, sem corte de gastos públicos, continuaremos nessa estagnação do mercado de trabalho por muitos anos.

Não há o que protelar. É preciso uma grande guinada nos gastos públicos. Qualquer empresa que praticar o expediente do governo de gastar mais do que ganha quebrará em pouco tempo. O Brasil não quebra, mas também não cresce.

Para encerrar esse assunto, desejo explicitar uma mensagem de ânimo aos jovens. Apesar de todos os nossos problemas, o Brasil é grande em tudo. Nas qualidades e nos defeitos. O Brasil é grande em área e grande na pobreza. É grande em população e grande na injustiça; grande nos recursos naturais e grande na burocracia. É grande nas verbas educacionais e grande no analfabetismo; grande nas licitações de obras e grande nos buracos. É grande em energia e grande nos desperdícios. É grande no esporte e grande na anemia. É grande na flora e grande na doença. É grande na produção agrícola e grande na subnutrição. É grande no lazer e grande na tristeza. É grande no samba e grande na improvisação. É grande no trabalho e grande nos feriados-ponte. É grande na Constituição e grande no desrespeito à lei. É grande na tributação e grande na sonegação.

Apesar de tanta contradição, o Brasil tem jeito porque, acima de tudo, é grande no coração de seu povo – um povo maravilhoso, generoso, tolerante, cordial, afetuoso. É com isso que temos de contar para transformar esta nação em uma economia forte e uma democracia exemplar.

2

A responsabilidade de cada um

O progresso de uma nação não é obra de um governo, nem mesmo de uma geração. Os países que se desenvolveram mostram um suceder de ações em que se destacam o esforço de trabalho, o bom uso dos recursos existentes, a educação de sua gente e a colocação dos interesses da pátria acima dos interesses individuais. Progresso, portanto, é resultado de atitudes, condutas, valores e, sobretudo, de muito amor ao trabalho.

Nessa cruzada do trabalho, há responsabilidades para todos: os que produzem, os que ajudam a produzir, os que administram as empresas e os governos, os que educam, os que são educados e os que controlam os desvios de comportamento. Nessa cadeia de responsabilidades, o mais fundamental é preparar as crianças e os jovens no sentido de capacitá-los a usar bem os recursos naturais e humanos da nossa sociedade.

O objetivo deste capítulo é examinar de que forma os brasileiros vêm utilizando os vastos recursos recebidos por Deus e de que modo estão forjando o futuro para as próximas gerações.

A dinâmica populacional

Há um fator por trás de todos os demais fatores que tem relação com o crescimento econômico e diz respeito ao equilíbrio entre os grupos que trabalham e os que estão em fase de formação. Numa palavra, um país precisa contar com algum equilíbrio populacional para garantir o trabalho e a geração de riquezas que se fazem necessários.

Quando leio os demógrafos, tento visualizar como será o mundo dos que estão nascendo hoje. Daqui a quarenta anos, eles serão pais, e muitos terão netos. De que forma estarão vivendo? De que maneira estarão contribuindo para o progresso das nações?

Os estudos demográficos nos dizem que, em 2050, a Terra terá 3 bilhões de habitantes a mais. Será um aumento brutal. A população mundial ultrapassará a casa dos 9 bilhões de seres humanos.

Na opinião do economista inglês Thomas Malthus (1766-1834), os habitantes da Terra multiplicar-se-iam a uma taxa muito superior à disponibilidade de recursos, desembocando em uma grande catástrofe. Sua previsão falhou por não prever o espetacular desenvolvimento da ciência e da tecnologia e o aumento da eficiência na produção de alimentos e outros bens.

Mas será que essa eficiência será mantida nos próximos quarenta anos? É bem provável que sim, a despeito de certos recursos que estão se esgotando como é o caso da terra agricultável e da água.

Mas os problemas do mundo dos nossos netos e bisnetos serão diferentes. Eles viverão em meio a um crescimento perigosamente desequilibrado entre os povos. Sim, porque dois terços dos novos moradores do planeta – cerca de 2 bilhões de habitantes – terão de ser alimentados e educados em nações pobres em recursos naturais e humanos.

As projeções mostram uma verdadeira dança das cadeiras entre os países em matéria de população. Os países ricos terão encolhidas as suas populações. Os mais pobres passarão por um aumento ou, na melhor das hipóteses, por uma estabilização. A China, que tem 1,3 bilhão de habitantes, ficará em torno disso em 2050, ocupando o segundo lugar no ranking mundial. A Índia, que tem 1,1 bilhão, terá mais de 1,5 bilhão de pessoas

A responsabilidade de cada um

(40% de aumento!), passando para o primeiro lugar. O Paquistão, que atualmente tem 143 milhões de habitantes, terá 350 milhões (mais de 100% de aumento). A Nigéria saltará de 115 milhões para 258 milhões. E Bangladesh passará de 138 milhões para 255 milhões (Lester Brown, *Outgrowing the Earth*. New York: W. W. Norton & Company, 2004).

Em 1950, os países mais pobres tinham apenas 8% da população mundial, e os mais ricos, 32% (os demais estavam em países de desenvolvimento médio). No ano 2000, essas proporções já haviam se alterado para 11% e 20%, respectivamente. E, em 2050, serão 19% e 14%. Ou seja, a explosão demográfica terá como cenário os países mais pobres.

O Brasil crescerá moderadamente, passando dos atuais 190 milhões de habitantes para 233 milhões em 2050 – e, graças a Deus, temos recursos naturais abundantes. Mas é aí que mora o perigo. A demanda exagerada por recursos inexistentes sempre provocou conflitos entre os povos. A história pode se repetir. Gigantes como a China e a Índia, por exemplo, e, em menor escala, o Paquistão e a Indonésia poderão ser levados a pressionar os países de recursos abundantes. Não estão descartadas as conflagrações e as guerras.

De qualquer forma, a produção e o meio ambiente terão de ser muito bem administrados para sustentar o crescimento da população. Por isso, há que se pensar seriamente no planejamento da população. O Brasil não está fora disso. Apesar de a taxa de fecundidade ter caído, com cerca de 190 milhões de habitantes, ainda estamos entre os dez países de maior população do mundo.

Planejamento familiar é um tema explosivo. No início de 2007 vi uma reportagem do *Jornal da Globo* em que uma senhora, no interior da Bahia, que já tinha nove filhos, estava esperando o décimo porque, para todos eles, recebeu um salário maternidade. São quatro meses de salário mínimo, o que, na época, dava 1.400 reais por filho. Aliás, ela dizia ter construído sua casa própria com os recursos provenientes desse benefício previdenciário. E, como ela, há milhões de mulheres pobres que estão sendo estimuladas pelas políticas públicas a terem muito mais filhos do que conseguem alimentar e educar. Por isso, apesar de explosivo, esse tema merece reflexão e pronta ação.

Há os que defendem a tese segundo a qual a população tem de crescer muito mais. Afinal, dizem os seus advogados, o país é rico, pouco ocupado e, portanto, a solução está em aumentar o desenvolvimento e não em reduzir a população. Essa polêmica é infindável. Aliás, uma medida não exclui outra.

Além de tabu, o assunto carrega forte componente ideológico. Mas não podemos ignorar que a explosão populacional está ocorrendo nos grandes bolsões de pobreza, não só no Brasil, mas também em nossos vizinhos. Na América Latina, por exemplo, os pobres que vivem em situação de miséria – quase 250 milhões de pessoas – tenderão a aumentar se as taxas de crescimento econômico ficarem tão baixas como as atuais: 2% a 4% ao ano. Ou seja, o crescimento populacional cobrará mais sofrimento de quem já sofre muito. Não podemos ficar inertes.

Desequilíbrio entre crescimento e pobreza

Não há como negar a necessidade de se conduzir o crescimento populacional de forma equilibrada. Podem-se discutir as formas de controle. Os métodos intervencionistas (ligadura de trompas, vasectomia, pílula etc.) provocam mais resistência que os naturais. Mas, hoje em dia, isso está sendo superado. Numa sociedade tão diversificada como a do Brasil, até mesmo nas concepções religiosas, há lugar para vários métodos. Todos eles requerem educação. Nesse campo, as evidências são incontestes. O investimento em educação é o melhor caminho para reduzir a pobreza e controlar a natalidade.

Mas, como se sabe, os pobres têm pouco acesso à escola e, quando têm, seus filhos interrompem a escolarização precocemente. Como quebrar esse círculo vicioso? Temos de rever a concepção econômica convencional, segundo a qual as políticas macroeconômicas resolvem automaticamente o sofrimento dos pobres. São inúmeros os exemplos em que o desenvolvimento de uma região ou até de um país deixa pelo caminho o flagelo da pobreza mantendo, lado a lado, a abundância e a miséria.

A ONU tem alertado para o descasamento entre crescimento e pobreza. A superação desse desequilíbrio pede estratégias de desenvolvimento baseadas em programas sociais que definem o emprego como tema prioritário e os pobres como principais alvos das políticas econômicas. Temos de fazer crescer o PIB nacional e reduzir a miséria local. Essa tarefa é nossa – só nossa.

Há, entretanto, quem considere promissor o novo quadro populacional. O Fundo Monetário Internacional (FMI), por exemplo, defende a idéia de que o mundo vive uma era de oportunidades demográficas: a fertilidade está caindo, a saúde está melhorando e a vida, se prolongando. Os anos produtivos aumentam, a previdência social está sendo reformada, a renda *per capita* se eleva, a poupança se expande, os investimentos crescem e os empregos aparecem (FMI, "World Economic Outlook: The Global Demographic Transition", 2004).

É impossível um quadro mais promissor do que esse. Mas até que ponto é realista? O próprio FMI alerta que as atuais tendências demográficas serão desiguais. Quando se consideram os países e as regiões mais populosos do mundo (China, Índia e África), verifica-se que poucos se enquadram nas referidas oportunidades demográficas. Se somarmos as populações da China (1,3 bilhão), da Índia (1,1 bilhão) e da África (885 milhões), chegaremos à colossal cifra de 3,285 bilhões de pessoas, ou seja, 51% da população mundial, que está em torno de 6,4 bilhões de habitantes.

Qual é o quadro futuro? Por ora, as três populações continuam crescendo, ainda que em ritmos diferentes. Em 2050, as três regiões juntas terão 4,7 bilhões de habitantes. No mesmo ano, o mundo terá 9 bilhões de pessoas, o que significa dizer que a participação desses blocos subirá de 51% para 53% da população mundial. Será que as reformas indicadas serão realizadas? Como alimentar toda essa gente? Como educá-la? Como garantir boa saúde? Como assegurar uma velhice tranqüila?

Sem assumir o pessimismo de Thomas Malthus, a demografia mundial parece constituir mais um desafio do que uma oportunidade. As previsões são feitas com base em hipóteses, muitas delas verdadeiramente heróicas. No caso da África, por exemplo, a ONU considera que a Aids, que hoje mata 3 milhões de pessoas por ano, estará sob controle até 2050. Entretanto, não estão sendo considerados os alertas da Organização Mundial da Saúde (OMS), segundo os quais o mundo é afetado periodicamente por pandemias (em especial de gripe) que ceifam milhões de vidas.

Mas será que temos de contar com as doenças, as guerras e a criminalidade para chegar a uma população mais equilibrada? Se assim for, é muito triste.

Independentemente do que possa acontecer com os infortúnios, a demanda futura será monumental. O mundo terá de garantir maior oferta de bens e serviços para as gerações que chegam, assim como encontrar meios para prover uma boa formação para quem vai começar a trabalhar e, com isso, gerar renda para o seu sustento.

Em outras palavras, a demografia mundial está dada. É destino. Resta acertar os desequilíbrios entre população e recursos que predominam atualmente.

A questão alimentar

Dentre os constrangimentos ambientais mais sérios para sustentar populações pobres e tão volumosas, a questão alimentar continua ocupando o centro das preocupações. Nesse sentido, o Brasil pode até tirar uma boa vantagem nas próximas décadas ao explorar de forma racional seus recursos naturais na produção e exportação de alimentos – tema que retomarei mais adiante.

O Brasil está dando passos importantes no bom uso desses recursos pelo emprego de ciência e tecnologia. Os avanços científicos na área da biotecnologia acenam com a possibilidade de se assegurar à população brasileira e mundial não só mais alimentos, mas, sobretudo, melhores alimentos e a preços menores. Trata-se de uma promessa animadora.

Entretanto, o uso da biotecnologia tem sido criticado pelos que vêem nos novos alimentos uma fonte de doenças e de alterações perigosas da genética humana. A hostilidade é, no mínimo, discutível, mesmo porque, por trás do acalorado debate pseudocientífico, há uma aguerrida batalha comercial: os alimentos transgênicos demandam uma quantidade pequena de produtos químicos – o que também é bom para a saúde – que fere os negócios dos que vivem da produção e comercialização desses insumos.

Como se vê, uma causa dita humanitária encobre uma forte guerra de interesses econômicos. Isso não se justifica. A engenharia genética, ao desenvolver variedades que adicionam nutrientes e reduzem o consumo de insumos, tem uma enorme contribuição a dar para os habitantes do planeta. Se há alguma coisa a fazer, nesse campo, é trabalhar para que se use a biotecnologia de forma responsável, e não exterminar o seu potencial de soluções com base em discussões mal fundamentadas que têm levado grupos de vândalos a destruir projetos de pesquisa em andamento, construídos com muito trabalho e talento. Esse radicalismo não encontra justificativa nos dados de que a ciência dispõe.

O bom uso da água

O uso adequado dos recursos naturais será o fator decisivo para derrubar a tese de Thomas Malthus segundo a qual a população morreria de inanição devido ao seu forte crescimento e à precária expansão da produção de alimentos. Mas tudo vai depender, realmente, de um "bom uso" dos recursos naturais.

As questões do uso dos recursos naturais e da proteção do meio ambiente estão na ordem do dia. Só agora os homens acordaram para o fato de que a destruição da natureza leva consigo a destruição da espécie humana.

Na minha vida de produtor tenho enfrentado com afinco o desafio de proteger os recursos da natureza. Há muitos anos não patrocino empreendimentos que destroem em definitivo os bens de Deus. Penso ser essa uma questão de responsabilidade de cidadão e, sobretudo, de ser humano que tem por obrigação pensar no futuro de seus semelhantes.

Nos meus escritos tenho acumulado algumas idéias sobre essa questão, concentrando-me, particularmente, na água e na energia elétrica. Apresento a seguir um relato resumido do que consegui reunir até agora.

O Brasil é um país abençoado por possuir cerca de 20% da água do mundo. Isso é um privilégio quando se considera que só 3% da água do planeta são aproveitáveis e que esses 3% não são imediatamente utilizáveis porque uma grande parte está em geleiras longínquas e em aqüíferos muito profundos. Na verdade, a quantidade de água que pode ser usada para alimentar os seres vivos, gerar energia e viabilizar a agricultura é de aproximadamente 0,3%.

A falta de água no mundo já é uma realidade. Até o ano 2025, cerca de 2,5 bilhões de habitantes do planeta estarão sem água adequada. Descobrimos, finalmente, que a água é um bem escasso. Por isso seu uso precisa ser racionalizado, em especial nas grandes aglomerações urbanas, onde os mananciais existentes já não dão conta de atender a população.

O descuido no uso da água desencadeia desastres de grandes proporções. No começo, contorna-se o problema com racionamento. Mas, aos poucos, a situação se agrava, e a falta de água acaba afetando o uso da terra, a alimentação dos animais, dos peixes, das aves e dos próprios seres humanos.

A China e a Índia, por exemplo, sofrem um rebaixamento do lençol freático, respectivamente, de um metro e meio metro por ano! É uma ameaça pavorosa para dois países que dependem tanto de irrigação e, juntos, possuem 2,4 bilhões de habitantes.

Para preservar a água, os especialistas recomendam elevar seu preço. Mas só isso não resolve. São Paulo, onde o preço da água está entre os mais altos do mundo, desperdiça muita água porque as condutas são inadequadas.

O Brasil já possui uma lei das águas, promulgada em 1997, cujo objetivo central é "assegurar à atual e às futuras gerações a necessária disponibilidade de água". Recentemente, o Conselho Nacional de Recursos Hídricos aprovou o Plano Nacional de Recursos Hídricos, com vistas a induzir ao uso racional da água. Já dispomos de um órgão específico para cuidar desse assunto, a Agência Nacional de Águas (ANA). O que falta, agora, é fazer a ação desses organismos chegar ao comportamento humano.

Nesse terreno, é muito importante combater os desperdícios que decorrem do mau comportamento dos usuários. No primeiro caso, estão os vazamentos das canalizações públicas, que respondem por grandes perdas de água. No segundo, estão os maus hábitos de quem esbanja água potável ou a usa para atividades menos nobres.

Por isso, além da ação fiscalizadora, o Brasil precisa de boas campanhas educativas focalizando, sobretudo, os que lavam calçadas, paredes e automóveis com água potável, assim como os que ficam debaixo do chuveiro, horas a fio, para tomar um banho que requer apenas 10 minutos ou ainda os que deixam a torneira aberta enquanto escovam os dentes. São fatos pequenos que, somados, respondem por enormes perdas.

Convenhamos: necessitamos de mais civilidade no uso da água. Precisamos de uma mobilização que envolva a educação no lar, na escola, no trabalho, no lazer e ao longo de toda a vida dos cidadãos.

O desperdício é grave. O consumo por pessoa em São Paulo é de 200 litros por dia, bem superior aos 120 litros recomendados pela ONU. Em 2005, só na região da Grande São Paulo, o consumo aumentou 4% em relação a 2004. Em dezembro daquele ano foram consumidos 128 milhões de metros cúbicos de água. É um volume fantástico e sinalizador de muito desleixo.

No consumo doméstico, cerca de 72% da água são gastos no banheiro e o chuveiro responde por 47%. É verdade que o asseio é uma das virtudes dos brasileiros e deve-se cultivá-lo. Mas ele não é razão para desperdiçar o precioso líquido.

Muitas cidades brasileiras já passaram por racionamentos de água. É incrível que um país como o nosso, abundante em água, tenha de racionar um dos componentes mais fundamentais do crescimento econômico.

O Brasil ganhará muito se as escolas e as famílias ensinarem as crianças a não repetir os desperdícios praticados pelos adultos. É urgente intensificar nos currículos escolares e nos programas de televisão informações que levem os gastadores de água a controlar os maus hábitos.

Muitos argumentam que há muita água subterrânea ainda não descoberta. É verdade, mas vamos devagar. O Aqüífero Guarani, com área predominante no Brasil, possui aproximadamente 37 mil quilômetros cúbicos dessa água. Mas ele tem seus limites. Hoje, já existem cerca de 300 mil poços profundos em plena operação na região, abastecendo indústrias, hospitais, condomínios, hotéis etc. A cada ano, são perfurados 10 mil poços. O ritmo é frenético. Segundo a Companhia de Tecnologia de Saneamento Ambiental (Cetesb) de São Paulo, 72% dos municípios da Grande São Paulo já são parcialmente abastecidos por essas águas.

A exploração subterrânea terá de aumentar, pois as águas superficiais dos mananciais vêm sendo ameaçadas por habitações irregulares e pelo despejo de dejetos em rios e represas – o que, mais uma vez, retrata uma grave falta de educação. Ou seja, as águas profundas também devem ser consumidas com responsabilidade, sobretudo porque não se conhece ainda a velocidade de reposição desses aqüíferos. Se for muito lenta, a demanda pode superar a oferta e os aqüíferos se esgotarão.

O resumo dessa trágica ópera é que falta água porque falta educação. Países como Israel e todo o Oriente Médio, que sofrem da escassez de água, ou como a China, que tem o lençol freático rebaixado de forma pavorosa a cada ano, ensinaram seus povos a usar a água com inteligência. Será que teremos de chegar ao "fundo do poço" para aprender a economizar essa bênção de Deus? Temos de agir já e de maneira firme e solidária.

Moderação no uso da eletricidade

"Por favor, gastem mais eletricidade e menos petróleo. Há energia sobrando. Estamos jogando água fora nos rios Paraná, Parnaíba, Iguaçu e

Grande. Por isso, troquem as caldeiras a óleo combustível por caldeiras elétricas."

Esse anúncio não foi publicado na Islândia ou na região dos Grandes Lagos dos Estados Unidos. Era o conteúdo das Portarias 160 e 300 do Departamento Nacional de Águas e Energia Elétrica, que vigoraram de 1984 a 1997.

Naquele tempo dizia-se: "Aposentem as caldeiras a óleo. Troquem-nas por elétricas. Se quiserem ficar com as duas, usem as primeiras só de vez em quando, para não enferrujarem".

Quatro anos depois, em 2001, começou a faltar energia elétrica e o país viveu a mais desesperadora corrida em direção a caldeiras, motores e geradores propelidos por óleo combustível. Que retrocesso! Que falta de visão!

Chamem as causas como quiserem: desleixo, imprevidência, miopia, morte anunciada ou, usando palavras sonoras aos ouvidos da burocracia, falta de planejamento. O fato é que o Brasil passou da abundância ao pavor em menos de cinco anos. Tudo devido à inércia de quem tem a responsabilidade de antecipar os problemas e equacionar as soluções com a devida antecedência. Há tempos que os técnicos prognosticaram a crise que começou a mostrar sua importância em 2001.

A crise ocorreu no meio de uma abundância momentânea de energia elétrica no Sul e no Norte do país – regiões onde, até hoje, não se sabe o que fazer com água e eletricidade nas estações chuvosas. Mas faltou no Nordeste e no Sudeste, onde mais era necessária. Foi o preço da inércia.

Se tivéssemos implantado nos dez anos anteriores uma rede adequada para transmissão, os excedentes de energia dos rios Iguaçu, no Sul, e Tocantins, no Norte, estariam abastecendo o Sudeste e o Nordeste – regiões que tiveram de interromper a produção industrial por falta de água. Se tivéssemos construído as usinas hidrelétricas tão bem desenhadas no fino papel da tecnocracia de Brasília, estaríamos enfrentando os desafios da globalização com mais firmeza. Sim, porque, até hoje, se a economia do Brasil crescer acima de 5%, faltará energia.

Será tão difícil incutir na cabeça dos nossos governantes que nenhuma sociedade moderna pode crescer sem energia? Que é preciso agir hoje para ter resultados amanhã? Quem conhece o setor sabe que as obras para construção de usinas e transmissão de eletricidade são demoradas. Até entrarem em operação, passam-se muitos anos.

Triste é verificar que continuamos perdendo tempo. Um novo apagão tem data marcada. Os otimistas prevêem falta de energia em 2010. Os pessimistas acham que a eletricidade pode faltar a qualquer momento, basta a economia crescer 5% ao ano.

Fico no meio dessas projeções. Penso que o problema ocorrerá em 2009. Baseio-me em estimativas do Operador Nacional do Sistema (ONS) que levam em conta um crescimento da demanda energética da ordem de 5% ao ano e no fato de que, nos últimos cinco anos, nenhuma usina hidrelétrica de grande porte entrou em operação.

Muitos põem toda a fé nas usinas termelétricas. Mas essas enfrentam o problema da escassez de gás natural. O Gasoduto Bolívia–Brasil pode transportar até 30 milhões de metros cúbicos de gás diários. Mesmo somados aos 12 milhões de metros cúbicos diários que virão da Bacia de Santos a partir de 2008, a escassez ainda continuará, pois as atuais usinas térmicas requerem mais 40 milhões de metros cúbicos de gás por dia. E, com o agravamento do relacionamento entre Bolívia e Brasil, o quadro pode se complicar ainda mais.

E as outras fontes de energia? Alternativas como a biomassa (bagaço de cana-de-açúcar) podem ajudar, é verdade, e têm a vantagem de provocar pouca poluição. Mas elas são limitadas para resolver o problema do Brasil. É difícil conseguir economia de escala nesse terreno, sobretudo porque as safras são oscilantes. O óleo diesel pode acionar as usinas termelétricas, é verdade. Entretanto, esse energético custa cinco vezes mais do que o gás.

Não adianta rodear. No Brasil, as melhores chances de se ter energia elétrica são a exploração das fontes hídricas, lembrando que utilizam-se apenas 27% de todo o potencial. Ao contrário das usinas a carvão, petróleo ou gás, o custo de operação das hidrelétricas é muito baixo, com pouquíssima poluição. E a duração das usinas é medida em séculos.

Mas as usinas precisam ser construídas. Quando São Pedro colabora para encher os reservatórios, tudo vai bem. Mas, quando falta chuva, o quadro se inverte. O Brasil precisa construir uma Usina de Tucuruí por ano para garantir o necessário equilíbrio. Estamos longe disso. Não podemos continuar tratando com superficialidade problemas tão profundos. A inércia do presente é a condenação do futuro.

Às autoridades cabe o bom planejamento, a facilitação e o estímulo aos investidores para construir usinas elétricas. À população em geral, cabe a adoção de uma conduta de parcimônia no uso de eletricidade.

Assim como se esbanja água, desperdiça-se energia elétrica. Vale a pena voltar ao caso dos banhos demorados. Os cantores de banheiro desperdiçam não apenas água como também eletricidade. Se o chuveiro é o maior consumidor doméstico de água, é também o maior consumidor de eletricidade da casa.

Ao enfrentar o grande "apagão" do início desta década, os brasileiros responderam de maneira maravilhosa e passaram a economizar energia. Foi uma cruzada nacional. A resposta veio imediata e firme. Ou seja, o povo provou a si mesmo que pode viver muito bem com menos eletricidade – o que significa dizer que pode controlar o desperdício.

Aqui também se impõe a estimulação das escolas e das famílias – assim como de todos os meios de comunicação, em especial a televisão – para ensinarem as crianças a não repetir os desperdícios praticados pelos adultos no uso de energia elétrica.

Os limites do petróleo

Comparado com o avanço na área da eletricidade, um destaque maior deve ser dado à exploração de outro importante energético: o petróleo. Aqui há várias condutas exemplares, e a Petrobras é uma das melhores fontes de bons exemplos.

A chegada do Brasil à auto-suficiência em petróleo foi bastante comemorada em 2006. Passamos a produzir 1,9 milhão de barris/dia para um consumo de 1,8 milhão de barris/dia. É verdade que contamos com 300 mil barris de álcool diários. Ainda assim, nos anos em que o barril de petróleo ultrapassou a casa dos 70 dólares, foi alentador saber que produzimos mais do que consumimos.

Trata-se de uma conquista que tem uma história belíssima. Monteiro Lobato, nos anos 1930, defendeu com fervor a existência de petróleo no Brasil. Sofreu por isso. Foi contestado em toda parte. Em 1939, surgiu a primeira descoberta, em Lobato (Bahia), e, em 1941, em Candeias (Bahia). Mesmo assim, poucos acreditavam na potencialidade do nosso país.

Nos primeiros anos de trabalho da Petrobras, na década de 1950, o ceticismo continuou. Milhares de poços foram abertos, com poucos resultados. Não era para menos. Sobrava vontade, mas faltavam recursos, tecnologia e talentos.

A empresa decidiu então priorizar a formação de talentos. Acertou em cheio. Com a colaboração de Walter Link, geólogo americano que trabalhou para a empresa entre 1955 e 1960, centenas de jovens brasileiros foram selecionados e enviados para estudar nos Estados Unidos.

Formados como engenheiros, geólogos, geofísicos, mestres e doutores em várias áreas, eles voltaram ao Brasil para assumir posições-chave na Petrobras, elevando de forma substancial a sua capacidade de exploração, produção e refino.

Nada disso aconteceu por milagre ou de maneira repentina. As vitórias da Petrobras foram fruto de pessoas bem preparadas e com muito amor à empresa. As conquistas acumuladas tiveram pouco a ver com este ou aquele governo. Elas resultaram da orientação segura da empresa em, primeiro, preparar os cérebros para, depois, conquistar as riquezas. É a prova de que, estudando, tudo se descobre.

Na década de 1970, os técnicos da Petrobras foram para o mar e, em 1974, descobriram petróleo na Bacia de Campos, no Rio de Janeiro. Foi um passo importantíssimo, de fazer inveja às melhores empresas petrolíferas do mundo. Dali para a frente foram conquistas e mais conquistas. Mas a sua missão não terminou. Uma longa caminhada os espera. Afinal, o Brasil é auto-suficiente em petróleo com um crescimento econômico de 2,5%. Precisaremos de muito mais petróleo quando crescermos 5% ou 6%. Ademais, as reservas vão durar no máximo uns trinta anos e terão de ser exploradas em lugares cada vez mais inóspitos.

Os políticos são tentados a creditar em sua própria conta os feitos da empresa. Mas a Petrobras é maior do que a política. O capital mais precioso da empresa é a sua reserva de talentos. A Petrobras é um símbolo da competente engenharia nacional. Quando se acabou com o monopólio do petróleo, muitos temiam um abalo na empresa. Ocorreu o contrário. As petroleiras estrangeiras que para cá vieram só querem saber de negócios conjuntos com a empresa brasileira. Elas sabem que jamais conseguirão, no médio prazo, reunir a inteligência que domina os quadros técnicos da Petrobras, especialmente na exploração de águas profundas em alto-mar.

O triunfo, portanto, é dos pesquisadores. Graças a Deus, contamos com essa gente bem preparada. Esse é um dos mais belos exemplos do quanto é possível conquistar com uma boa educação.

Por trás de tudo: educação

Em 1997, a revista inglesa *The Economist* publicou uma matéria de capa com a seguinte manchete: "Educação: a riqueza das nações". A tese é simples: a capacidade de seu povo constitui o capital mais valioso de uma sociedade.

O impacto da educação no desenvolvimento de uma nação é fantástico. Uma pesquisa realizada nos Estados Unidos por Timothy J. Bartik ("Preschool and Economic Development", Upjohn Institute for Employment Research, 2006) revelou que para cada dólar investido no bom ensino a partir do pré-primário há um ganho de 4 dólares para o país.

Analisando algumas pesquisas nesse campo, chamou-me a atenção a importância do investimento bem-feito. Países em que seus estudantes ficam bem acima da média nos testes de linguagem e matemática utilizados pela Organização para a Cooperação ao Desenvolvimento (OCDE) aplicam menos recursos em educação do que a média dos países estudados por aquele organismo. Esse é o caso da Austrália, Bélgica, Canadá, República Tcheca, Japão, Coréia e Holanda. O país campeão – a Finlândia – destina à educação uma quantidade de recursos bem inferior à média dos países que mais investem.

O que realmente influi nos resultados são a boa administração dos recursos e a qualidade das escolas, professores e diretores. No caso do Brasil, pesquisas do Banco Mundial da década de 1990 mostraram que, de cada 100 reais que saem de Brasília, apenas 40 reais chegam às escolas dos estados. O restante se perde na burocracia ou em viagens e reuniões infindáveis que tiram os professores das salas de aula.

Dessa maneira, o rendimento do investimento é baixo, e os resultados são calamitosos. Das crianças que iniciam a escola, apenas 57% chegam à oitava série. Cerca de 73 milhões dos brasileiros que votaram no pleito de 2006 não completaram essa série. Mais de 50% dos adultos são analfabetos funcionais (Ipea, *Brasil, o Estado de uma Nação*, 2006). Cerca de 37% dos jovens entre 15 e 25 anos não completam o ensino fundamental. Mais da metade dos estudantes universitários não termina a faculdade que escolheu. Em 2005, formaram-se apenas 718 mil alunos, número bastante inferior ao 1,4 milhão que entrou nas faculdades em 2002 ("Metade dos universitários não se forma", *Folha de S.Paulo*, 31/12/06).

Em pesquisa realizada pela Unesco e divulgada em novembro de 2004, o Brasil ocupou o 72º lugar em desempenho escolar em português e matemática entre 127 países estudados. Nos referidos testes de matemática da OCDE, realizados em 2005 em 41 países, o Brasil ficou em último lugar. Os testes não têm nada de sofisticado. Em matemática, não se trata de cálculos abstratos que exigem grande preparo teórico. Ao contrário, são questões muito práticas, cuja solução é fundamental para o dia-a-dia dos alunos. Ainda assim, ficamos em último lugar. No topo da lista brilharam os alunos de Hong Kong, Finlândia e Coréia.

Quando se observa a educação e o mercado de trabalho, verifica-se que o Brasil está travado: falta emprego e sobram vagas. Muitas empresas enfrentam dificuldades para contratar eletricistas, soldadores, mecânicos e técnicos de outras áreas. E isso acontece em um país que cresceu míseros 2,5% em 2005. Imaginem o desastre quando o Brasil crescer 5% ou 6%.

A chave para melhorar a qualidade do ensino está na boa aplicação dos recursos e na boa preparação dos professores. Nesse campo, há um desinteresse preocupante. Foi triste verificar que, em 2002, das 12.506 vagas que sobraram no vestibular das universidades públicas, 6.641 foram na área da educação. Nas universidades particulares deu-se o mesmo.

Não é para menos. As condições de trabalho, na maioria das escolas, são simplesmente massacrantes. Além de longas jornadas (muitos mestres chegam a dar 60 aulas por semana!), o apoio didático é deficiente e as bibliotecas são mal-equipadas – tudo isso regado por uma incontrolável indisciplina da maioria dos adolescentes, que levam para a sala de aula a generalizada confusão entre liberdade e liberalidade.

As pesquisas citadas procuraram identificar as causas do sucesso ou do fracasso escolar em escala mundial. É claro que cada caso é um caso, mas encontrei nos textos examinados algumas características que me parecem generalizáveis.

Primeiro, a capacidade de investimento dos países tem pouca relação com o sucesso educacional. Os estudantes americanos dispõem de recursos três vezes maiores do que os coreanos e, no entanto, o seu desempenho é inferior. O modo de investir conta mais do que o montante.

Segundo, o número de horas de aula tem pouco a ver com o sucesso escolar. O que importa é a qualidade das aulas, a capacidade do professor e o empenho em seu trabalho.

Terceiro, nas nações bem-sucedidas, os professores e alunos gastam mais tempo na aritmética básica do que na matemática sofisticada. Os alunos são preparados para fazer as operações mentalmente, proibindo-se as calculadoras.

Quarto, nesses países, os livros didáticos têm vida muito mais longa porque são submetidos a severos testes antes de ser escolhidos.

Quinto, os alunos são observados atentamente no seu progresso individual e social de modo que, a qualquer sinal de dificuldade, os professores os socorrem com métodos de recuperação.

Parece que em matéria de ensino não há muito o que inventar. As novas tecnologias ajudam muito, é claro. Mas ajudam mais quando combinadas com o trabalho intensivo e dedicado dos mestres.

O quadro da educação preocupa ainda por outros motivos. Um levantamento realizado pelo Instituto Nacional de Estudos e Pesquisas Educacionais (Inep) mostrou que 1,7 milhão de jovens entre 15 e 17 anos (16% do total dessa faixa etária) deixou de estudar em 2005. O Inep descobriu que só as escolas que têm um ambiente acolhedor e agradável atraem os alunos mais pobres. As escolas que transmitem ensinamentos de utilidade para a vida prática são igualmente valorizadas. Ou seja, muito do desempenho escolar do aluno está relacionado à escola e não simplesmente a sua condição socioeconômica.

Em estudo realizado por Cláudio Moura Castro e Gustavo Ioschpe com base num grande número de pesquisas ("Remunerações dos professores na América Latina: são baixas? Afetam a qualidade do ensino?", 2007), os autores concluem que, mais importante do que a melhoria das condições econômicas do corpo docente é a melhoria de sua capacitação profissional e das condições das escolas em que atuam.

No que tange à capacitação, isso sugere melhorias urgentes nos cursos universitários destinados à formação de professores. Os números dos últimos anos mostram um desinteresse por tais cursos, e uma análise de seu conteúdo revela currículos ultrapassados e inadequados para as necessidades atuais dos alunos e do mercado de trabalho.

No que tange à escola, há muito o que fazer para criar ambientes de trabalho agradáveis, liderados por bons diretores e apoiados por bons livros didáticos, com salas de aula limpas e acolhedoras. No estudo indicado, Castro e Ioschpe sugerem ainda a introdução de técnicas pedagógicas mais atraentes, uma vez que os alunos passam a maior parte do tempo copiando o que o professor escreve no quadro-negro. Nada estimulante, além de pouco útil.

Sistemas de avaliação dos alunos e dos professores são fundamentais, o que torna necessária a flexibilização das gratificações para premiar os bons e punir os maus – coisas que saíram da agenda dos governantes depois do domínio dos sindicatos e das corporações de ofício.

Muitas dessas medidas não implicam grandes investimentos, e sim boa administração. Numa palavra: disciplina e modernização do trabalho são essenciais. O resto é demagogia.

Tais providências são urgentes, pois a educação é a mola propulsora do desenvolvimento. Os especialistas estimam que um ano na média educacional da população economicamente ativa brasileira determina 5,5% na taxa de crescimento do PIB do país (Jorge Werthein, "Educação, crescimento econômico e inclusão social", *Valor Econômico*, 22/12/06). O retorno dos ciclos educacionais completos é ainda mais alto, chegando a 15% (Cláudio Haddad, "Quem tem medo da educação"? *Valor Econômico*, 21/12/06). E, quando se introduz a melhoria da qualidade do ensino, todos esses se elevam de forma dramática.

Para a economia e a cidadania, entrar na escola é muito pouco. O importante é concluir a escola e, mais importante ainda, aprender. É acaciano dizer que a boa escola é aquela em que se ensina e os alunos aprendem. Mas é isso mesmo.

No início de 2007, foi triste verificar a repetição de um quadro lamentável. Trata-se dos resultados dos exames de avaliação realizados pelo Ministério da Educação. A situação, que já era ruim em 1995, piorou muito em 2005.

Nas provas do Sistema Nacional de Avaliação da Educação Básica (Saeb), numa escala de 0 a 500, os alunos da quarta série obtiveram 188 pontos em português no ano de 1995, tendo caído para 172 em 2005. Os da oitava série caíram de 256 para 231 e os da terceira série, de 290 para 257! Em matemática a queda foi igualmente preocupante. Os da quarta série passaram de 190 para 182; os da oitava série, de 253 para 239; e os da terceira série, de 281 para 271.

Nas provas do Exame Nacional do Ensino Médio (Enem) de 2006, os resultados foram também desapontadores. Em uma escala de 0 a 100, a média nacional dos alunos em português foi de apenas 37 pontos, menor que em 2005, que já havia sido muito ruim – 39 pontos.

Esse é um problema de extrema gravidade. A produtividade da economia depende fortemente da qualificação dos cidadãos, e esta depende da qualidade da educação. Embora tenhamos no Brasil várias ilhas de excelência, a produtividade média é baixa, e a distância em relação a outros países está aumentando.

É difícil competir no mundo globalizado, onde a corrida em direção à eficiência é frenética e contínua. Da mesma forma, é difícil construir uma democracia com base em pessoas de pouco discernimento. Os que não entendem o que lêem geralmente não entendem o que escutam, o que os impede de separar o joio do trigo, a mentira da verdade, a promessa vã das possibilidades reais. A falta de capacidade crítica eleva os erros e faz do eleitor uma presa dos jogos emocionais. Se a escolha é difícil, pior ainda é a capacidade de esses eleitores cobrarem e controlarem os governantes.

Em suma, não basta entrar e ficar na escola. É preciso aprender a criar, inovar, sugerir, demandar e atuar de modo construtivo. Tudo isso depende de um bom ensino.

Voltando ao tema inicial, uma nação só cresce mediante a conjugação de esforços de seu povo. Condutas e comportamentos são fundamentais e indicam o cumprimento de responsabilidades sociais. Isso vale para o planejamento da família, o uso dos recursos naturais e, sobretudo, a prática da boa educação.

3

A herança dos jovens

Na minha trajetória de cidadão e produtor, os jovens sempre ocuparam e continuarão ocupando o centro das preocupações. É lugar-comum dizer que o Brasil depende dos jovens. Na verdade, tudo depende dos jovens. São eles que carregam a tocha da esperança. São eles que têm o potencial para inovar e fazer o país progredir. São eles que vão abrigar o chamado capital humano para fazer a economia crescer. E são eles, sobretudo, que levam consigo os valores que guiam a sociedade na formação de novos jovens.

Dentro da atenção geral aos jovens, preocupa-me a crise moral que atinge muitos deles. Quem sou eu para dar lições de moral? Nunca tive essa pretensão. Mas não escondo minha apreensão com a penetração de valores que ameaçam as instituições básicas da sociedade brasileira, sem as quais não haverá democracia, muito menos liberdades individuais. Refiro-me especificamente aos valores ligados à ética do trabalho, à organização da família, à Justiça, aos mecanismos de controle social e ao amor à pátria.

Sei que esses valores estão abalados em quase todos os países. A juventude do mundo inteiro passa por uma profunda crise de identidade. Os jovens, na maioria dos casos, não sabem como melhor orientar seu comportamento em relação às instituições mencionadas.

Muitos chamam isso de crise moral. Outros a classificam como um estado de anomia, quando se perde a noção do que é certo fazer, de como agir, de que exemplo seguir. A palavra pouco importa. O que preocupa é ver o Brasil nessa situação. A maioria dos nossos jovens está tão frustrada quanto os demais jovens do mundo.

Mas sempre tive fé na construção ou reconstrução de um país de respeito. Herdamos vários problemas dos tempos passados e até mesmo da forma como fomos colonizados. Mas, considerando a situação geral, e em especial em vista do forte sofrimento que afeta a maior parte do nosso povo, penso que o Brasil guarda, na personalidade dos jovens, bons traços para alimentar a esperança de poder utilizar adequadamente nossas potencialidades.

Ao escrever este capítulo, esforço-me para fugir do ufanismo. Penso que, para o leitor, tem mais utilidade uma análise balanceada, que aponte nossas virtudes e também nossas fraquezas no mundo dos valores, do que o rufar dos tambores em favor de um quadro que é puro ideal. Por isso, ao longo do texto, procurarei mesclar as belezas e as mazelas da nossa realidade nesse campo.

Catastrofismo e otimismo

Depois de ter vivido quase oito décadas e observado bem o que se passa entre os jovens, vejo a juventude brasileira da seguinte maneira.

De um lado, há uma parcela – penso ser minoritária – dos que se contaminaram com os *slogans* do catastrofismo que prega um encaminhamento fatal para o caos econômico e social. Dentre esses jovens, muitos chegam até a praticar atos incompatíveis com o crescimento, a democracia e as liberdades. Para eles, sua profecia se concretiza.

De outro lado, há uma colossal parcela dos jovens que deseja estudar, crescer e poder trabalhar para constituir sua vida e família. É a juventude que vê pela frente um Brasil melhor e que está disposta a aperfeiçoar suas capacidades em favor do progresso para todos nós. São os que acreditam ser possível chegar a um Brasil forte, civilizado, educado e democrático.

Pessoalmente, penso que a profissão de pessimista não tem muito futuro no Brasil. Chego a me perguntar se não sentem vergonha certos analistas econômicos que passam o ano destilando veneno para a população, e, quando se fazem as pesquisas de opinião pública, essa mesma população se diz satisfeita e tem a esperança de dias melhores. E o que mais impressiona é ver a predominância do otimismo entre os mais necessitados e os que sofrem mais profundamente as conseqüências das más condições de vida.

Não sou sociólogo e não domino as ferramentas para explicar cientificamente um sentimento positivo diante de uma realidade tão negativa. Arrisco dizer, porém, que os brasileiros têm uma química especial, na qual há vários ingredientes que passam despercebidos aos cronistas apressados. Um deles diz respeito à trajetória social de cada um, em especial dos mais pobres.

Explico-me. Apesar de todas as dificuldades que enfrentam no dia-a-dia do trabalho e na busca de melhores condições de vida, os dados mostram que a grande maioria dos brasileiros tem um nível de educação um pouco mais alto do que o de seus pais e, muitas vezes, uma ocupação de maior prestígio e melhor renda.

Pode parecer exagero colocar a análise nesses termos. Mas, entre os mais pobres, subir um tímido degrau na escala social acaba gerando satisfação. É o contentamento que vem de uma rápida viagem à praia, de uma visita à família que mora longe, do uso de um DVD ou *videogame*, da freqüência a um cinema, de uma ida ao *shopping center*, de compartilhar uma cervejinha com os amigos – coisas que eram mais difíceis nos tempos de seus pais. Simplificando, é a satisfação da ascensão social, por menor que seja.

O fenômeno da mobilidade social não pode ser desconsiderado por quem pretende entender as reações políticas do brasileiro e, especialmente, a sua visão de futuro. As pessoas olham para a frente levando em conta o que vêem para trás.

Não estou querendo minimizar os imensos problemas nas áreas da educação e do emprego, que, se melhor resolvidos, teriam impulsionado muito mais a ascensão social da maioria dos nossos irmãos. Quero apenas deixar para o leitor minha opinião sobre por que, apesar de tanto sofrimento, os brasileiros, em particular os mais sofridos, confiam no Brasil. E, ultimamente, as pesquisas mostram que eles confiam na educação como ingrediente básico para seu futuro e o futuro da nação.

É claro que este país tem inúmeros constrangimentos a serem superados – e nesse campo não estamos sozinhos no globo. Mas os pequenos avanços realizados e o espírito pragmático do povo brasileiro ao longo das últimas cinco ou seis décadas não podem ser desprezados. No meu entender, constituem os mais importantes recursos para se enfrentar novas dificuldades. Mesmo nos momentos de grande frustração coletiva, como por exemplo a perda de uma Copa do Mundo, os brasileiros se reabilitam com presteza e passam logo a "curtir" as novas disputas. Essa tendência de olhar para a frente é muito positiva. Serve de combustível para lutar e buscar novas conquistas, por menores que sejam.

Agressividade e violência

Seguindo o método proposto de mesclar as virtudes e as mazelas da nossa sociedade, confesso me angustiar, contudo, com a agressividade crescente que toma conta deste país. Esse é um traço relativamente novo em nossa cultura, que, de modo geral, sempre foi de paz e acomodação. Diria que é uma marca que ganhou visibilidade a partir da segunda metade do século XX e que se agrava neste início de século XXI. Assusta-me ver que no trânsito, na rua, no estádio, em toda parte, muitas pessoas explodem por motivos fúteis, chegando à agressão.

Isso não combina com o traço de cordialidade que sempre dominou a cultura brasileira, como bem salientou nosso querido Sérgio Buarque de Holanda em seu clássico livro, *Raízes do Brasil*. Estamos vivendo a civilização da irritação, que, por pouca coisa, se materializa em atos de ofensa oral e material. É de arrasar o que se lê, por exemplo, nas portas de banheiros de aeroportos, praças públicas e cinemas, assim como nas fachadas de prédios e até mesmo nos pára-choques de caminhões, outrora abrigos de um humor sadio. Aliás, o brasileiro sempre cultivou esse tipo de humor: o que buscava a graça e o prazer sem agredir ou menosprezar o interlocutor.

Essa é uma área em que precisamos atuar muito, via família e via escola, para que não se perca o estilo jocoso e respeitoso que sempre caracterizou a nossa cultura e, em especial, a subcultura da juventude.

Quanto à violência física, é espantosa a facilidade com que se ataca o patrimônio público e as vidas humanas. Assisti, anos atrás, à reinauguração do Vale do Anhangabaú, no centro de São Paulo. A cidade ganhou uma bela praça, onde a prefeitura colocou novos bancos para descanso, locais de lazer e um lindo jardim para alegria das crianças e dos pássaros que haviam migrado para lá. Foi lamentável observar, entretanto, que, no dia da inauguração, vários orelhões (novinhos) já estavam depredados e o patrono da praça, Ramos de Azevedo, inteiramente pichado. O mesmo destino foi dado a Carlos Gomes, que ali sempre esteve para embelezar o logradouro e relembrar uma das maiores glórias da nossa música. Sua face ficara irreconhecível debaixo do empastelamento de tinta branca nela aplicada.

Esse traço predatório nunca fez parte das nossas tradições culturais, o que, evidentemente, não podemos recomendar aos jovens. Se, de um lado, reconhecemos a sua positividade e otimismo em relação ao Brasil, de outro, temos de apontar uma deformação de conduta que precisa ser corrigida pela via da educação.

E, no que tange à violência contra as pessoas, a situação é ainda mais preocupante. Quantos e quantos homicídios têm origem em desavenças de trânsito ou em discussões gratuitas na porta dos bares... É um absurdo. Sem falar na violência do próprio trânsito, que mata tantos jovens, a ponto de interferir na dinâmica demográfica do Brasil. É isso mesmo. Chegamos a um ponto em que a proporção de jovens cresce devagar devido ao colossal número de mortes causadas pelo crime e pelo trânsito, em especial entre os rapazes.

Exemplos de garra e amor ao país

Há outras mazelas que precisamos eliminar do mundo dos jovens que ora se preparam para assumir a nação. Farei uma pausa neste ponto, porém, para ressaltar o outro lado da moeda – o dos bons exemplos.

Quando enalteço o espírito ordeiro e patriótico que domina boa parte de nossa juventude, não me sai da cabeça a imagem do piloto Ayrton Senna segurando a nossa bandeira depois de cada vitória. Era sempre com a mesma garra. Com o mesmo amor. Parecia que, para ele, o objetivo da vitória era simplesmente o de usufruir o momento de agarrar e elevar ao alto a bandeira nacional.

Impressionava-me a forma de agarrá-la. Era com força. Com muita força. Com um profundo amor. Com orgulho de ser brasileiro. Era o momento em que ele fazia o Brasil confiar em si mesmo.

Essa imagem ficará para sempre. E há muitos jovens com a mesma garra – cada um no seu campo, cada um com sua própria bandeira. A prova está no amor que todos tinham pelo Ayrton. Na semana de seu falecimento, os jovens sofreram profundamente a perda de um líder que chegou aonde chegou por meio de seu trabalho dedicado, e não através de palavras vazias.

É pena que nossa imprensa só destaque as virtudes desses grandes heróis depois que eles nos deixam. Ayrton nunca foi homem de alardear o que fazia. Com a sua morte, a nação descobriu a enorme dimensão de seu coração ao saber de tantas doações que fazia aos necessitados. Tudo no anonimato. Sem propaganda. Sem demagogia.

Mas há outros exemplos menos conhecidos, nem por isso menos instrutivos. Fiquei muito tocado com a menina Jalleiwle da Silva, uma pernambucana de 17 anos que faz o curso de alvenaria no Senai do Recife. Sua intenção é trabalhar no ramo da construção civil, começando como pedreira para depois, quem sabe, tornar-se mestre-de-obras e, mais tarde, engenheira civil.

Durante todo o ano de 2005, ela se preparou para competir em uma das mais belas realizações educacionais do Brasil, que é a Olimpíada do Conhecimento do Senai. Seu sonho era conquistar uma medalha de ouro na sua profissão.

Durante o treinamento, porém, ela machucou um dos dedos da mão, o que mais precisava para realizar a prova. Foi um duro golpe do destino. Mas ela não desistiu. Continuou treinando e compareceu à competição na hora marcada. Sabia que esta seria longa (24 horas) e executada em alta velocidade e com grande rigor.

As dificuldades foram imediatas, pois a prova exigia inteligência, conhecimentos e destreza manual. A dor se instalou logo nos primeiros minutos e foi aumentando a olhos vistos. Seus pais e amigos pediam para a menina desistir. Seu amor pela profissão, porém, era mais forte. Se parasse, sabia que iria amargar um sofrimento psicológico muito maior do que a dor física. Por isso, Jalleiwle continuou. Interrompeu a prova várias vezes para ser atendida no ambulatório. Mas, feito o curativo, voltava imediatamente para o campo da competição. E assim foi até o último minuto.

Jalleiwle não conseguiu o ouro. Em contrapartida, a brasileirinha dourada obteve os mais calorosos aplausos de milhares de presentes, em especial dos 504 colegas de competição. Foi uma cena comovente e, por que não dizer, um dos pontos mais altos da olimpíada pelo exemplo de garra e amor ao trabalho exibido pela menina. Ela brilhou, assim como brilharam os adolescentes que conquistaram medalhas nas 48 profissões ali testadas, como caldeiraria, eletrônica, eletricidade, ferramentaria, instrumentação, mecânica, metrologia, mecatrônica, robótica, soldagem, confeitaria, design de moda e outras.

É um exemplo simples que ilustra aquela categoria de jovens brasileiros que, no meu entender, têm fé em si mesmo e no futuro do Brasil. Aliás, em matéria de exemplos, os estudantes do Senai têm brilhado não só nas Olimpíadas nacionais, como também nas internacionais. É uma juventude que ensina muito aos adultos e mostra a todos nós seu imenso amor ao trabalho e à pátria.

Na 35ª Olimpíada Internacional de Formação Profissional, realizada em Montreal em 1999, o Brasil "abiscoitou" várias medalhas de ouro. Como aluno de eletricidade predial do Senai de Brasília, André Luiz Ramos de Freitas recebeu a tarefa de planejar e instalar, em três dias, toda a rede elétrica de uma residência. Apresentou o melhor desempenho do mundo (!), tendo superado os concorrentes dos Estados Unidos, da Alemanha, Áustria, Bélgica, do Canadá, enfim, dos 34 países que enviaram candidatos para a tradicional olimpíada. Outro garoto de 19 anos, Walter da Silva Diniz, do Senai de São Paulo, conquistou a medalha de ouro na profissão de soldador. Enfrentou testes dificílimos. Despontou em todos. "Bateu" o mundo. Foi uma beleza!

O espetáculo dado pelo Brasil não parou aí. A dupla formada por José Mós Neto e Adriano dos Santos Alcaça, também do Senai de São Paulo, conquistou a medalha de bronze no campo da mecatrônica, tendo superado dezenas de concorrentes dos países avançados, inclusive da Ásia, que se dizem tão especialistas nesse campo. Emocionante! Além dessas medalhas, cinco jovens receberam o Diploma de Excelência por terem apresentado um desempenho de 85% nas suas respectivas profissões: Felipe Duarte Andrade (ferramentaria), Daniel Shinji Hirata (mecânica de precisão), Frederico S. Nascimento (CAD) e Isaías Baptista da Silva Júnior (azulejista).

Penso que a nossa imprensa precisa divulgar mais exemplos como esses. Os brasileiros dependem disso. Apesar da boa herança da cordialidade, há muito o que fazer no campo do patriotismo. O Brasil carece de patriotas que não tenham vergonha de ser patriotas. Que põem o seu sentimento para fora. Que dão exemplos. Que amam da forma que Ayrton amou este grande país.

Malandragem: educação e sanções

Patriotismo e amor ao trabalho não se ensinam com palavras de ordem ou *slogans* vazios. Os exemplos contam muito. É assim que as crianças formam seus valores: observando a conduta dos pais. É dessa forma que se perpetuam as atitudes positivas e a fé no futuro.

Os maus exemplos precisam ser combatidos por todos os meios. A educação é o mais eficaz, pois, por meio dela, transmitimos conhecimentos e formamos novas mentalidades. A formação das mentalidades, porém, se dá mais por meio da observação das condutas do que por intermédio de doutrinações.

Quando se fala no papel do exemplo, há que se considerar as boas ações e também os atos de correção das condutas desviantes. Isso também ensina, e é fundamental para formar as mentalidades. Para ir direto ao assunto: não basta enaltecer as belas ações; os malandros precisam ser penalizados com sanções amplamente divulgadas. Isso em todos os campos, desde a sonegação até a pichação.

No âmbito da sonegação, as autoridades da Receita Federal estimam que 50% do total de impostos não sejam recolhidos. É um número assustador. Nos Estados Unidos, segundo o Internal Revenue Service (IRS), que corresponde à Secretaria da Receita Federal do Brasil, o percentual não passa de 8%. E os americanos estão preocupados e tudo fazendo para reduzir essa pequena evasão.

Por que há tanta sonegação no Brasil? Li, há vários anos, o trabalho do professor James Alm ("Explaining tax compliance". In: S. Pozo (Ed.). *Exploring the Underground Economy*. Kalamazoo, Michigan: Upjohn Institute, 1996, p. 103-127), que procurou responder a essa pergunta para grande parte dos países do mundo. Reunindo os resultados de suas pesquisas, o autor chegou às seguintes conclusões: 1) a obediência ao Fisco aumenta quando se eleva a probabilidade de os sonegadores potenciais serem pegos pelas autoridades; 2) o referido aumento não é linear, ou seja, ele chega a um ponto em que a intensificação da fiscalização redunda em declínio na obediência; 3) a retidão de conduta é diretamente proporcional à gravidade da pena: quanto mais graves as penas, melhor é o comportamento das pessoas perante o Fisco; 4) a obediência é maior entre as pessoas que superestimam a possibilidade de serem flagradas pelas autoridades; 5) a aderência às normas aumenta com a redução das alíquotas dos impostos: os impostos que têm as menores alíquotas são os menos sonegados; 6) finalmente, a obediência cresce quando as pessoas recebem alguma coisa em troca por aquilo que pagam.

Portanto, o "bom comportamento" de quem paga religiosamente seus impostos decorre muito mais de fatores externos do que do DNA da moral de cada um. Isso me leva a não acreditar na teoria da malandragem inata. Penso que ninguém nasce malandro, muito menos santo. A prática da malandragem ou da retidão é desenvolvida dentro da própria sociedade, no convívio com os demais seres humanos. O escritor americano Mark Twain (1835-1910) diz: "Procure ser honesto. Isso vai gratificar algumas pessoas e espantar a maioria".

Penso que essa lição ainda será transmitida à grande maioria dos nossos jovens. É claro que os pais ensinam o caminho da retidão. Mas não seria demais a família e a escola enfatizarem que a retidão gera mais retidão porque espanta a malandragem.

É dessa combinação da prática de conduta com a sinalização futura que nasce a obediência não só no campo dos impostos, mas também na vida cotidiana. Tenho procurado atrair os jovens para essa idéia. No início, eles resistem. Mas, quando entram no mundo do trabalho, verificam que a ética de conduta é um dos ingredientes mais valorizados pelos empregadores. Aí sim a lição de Mark Twain ganha corpo e faz sentido. Temos de implantá-la muito cedo na mente das crianças para, quando chegar a hora de usá-la, elas façam tão-somente um exercício de memória. Os valores que melhor conduzem as condutas dos homens são os que foram plantados mais cedo, e mais fundo.

O mito da preguiça

Vejo muita descrença nos jovens por parte de adultos frustrados. Entre eles, os mitos prosperam. Um deles é o que considera o brasileiro um preguiçoso. Ouvi um comentário, há pouco tempo, de que o Brasil jamais crescerá como a China porque lá o povo é trabalhador e, aqui, indolente. Achei a frase ofensiva, e continuo achando. Com o desenrolar da conversa, porém, surpreendi-me com o fato de o interlocutor basear sua teoria em meus argumentos, especialmente os que se referem à prática do "enforcamento" dos dias úteis que caem perto dos feriados – as famosas "pontes". Por isso explicarei ao leitor, primeiramente, o que penso para, depois, avaliar se isso tem alguma relação com preguiça ou indolência.

De fato, vivemos em um país que gosta de emendar feriados com dias úteis. Já se tentou colocar todos os feriados na segunda-feira. Foi até objeto de lei. Mas não pegou. Como se sabe, no Brasil há leis que pegam e leis que não pegam. Essa durou pouco mais de dois anos e, em boa hora, foi abandonada. Sim, porque uma parte das pessoas passou a folgar na segunda-feira da lei, sem renunciar à folga do dia do feriado, especialmente quando este era religioso – e não me perguntem quantos iam à igreja.

Na maioria dos casos, os brasileiros folgam cerca de 100 dias por ano, incluindo-se as férias de 30 dias, os 52 dias dos fins de semana, os feriados e as "pontes". Penso ser um tempo exagerado para um país que tem pressa de crescer.

Ninguém vai defender aqui a jornada de trabalho da China (setenta horas por semana) ou as férias do Japão (nove dias por ano). Mas, para uma sociedade de grande porte e que precisa ser construída com rapidez, há que se avaliar até quando podemos continuar com o atual sistema segundo o qual, a cada dois dias de trabalho, se folga um.

Mas, voltando ao ponto inicial, isso não está relacionado à preguiça. O Brasil nasceu trabalhando intensamente. Os desbravadores pioneiros enfrentaram enormes dificuldades. Os jesuítas investiram gerações para educar a nossa gente. Os bandeirantes não mediram sacrifícios para buscar novas terras. Os brasileiros da agricultura sempre lutaram de sol a sol. Os trabalhadores da indústria trabalham em turnos, incluídas as noites.

Foi com a chegada da sociedade dos serviços que passamos a emendar feriados e trabalhar com menos intensidade. São os sinais dos tempos. Daqueles que acham que a sociedade do futuro será a sociedade do ócio. A produção será conseguida com o mínimo de trabalho e o máximo de diversão.

Posso ser convencional em meu pensamento, mas acho, sinceramente, que essa filosofia não combina com as necessidades de um país de 190 milhões de habitantes que tem de gerar empregos para abrigar mais de dois milhões de jovens que chegam, por ano, ao mercado de trabalho, sem contar o enorme número de desempregados.

Esses mesmos jovens precisam aprender, e a nós, os mais velhos, cabe a tarefa de ensinar que o bom aproveitamento do tempo nas atividades laborais é um dos elementos mais estratégicos para as pessoas crescerem e as nações se desenvolverem. Os próprios países da Europa Ocidental, cujos trabalhadores nos últimos anos passaram a trabalhar cada vez menos, estão começando a reverter essa tendência em face da brutal concorrência que vem da Ásia e do Leste Europeu. Hoje, trabalhar pouco ou trabalhar mal significa um estímulo para as empresas procurarem outros países, deixando para trás grandes massas de desempregados.

Penso que, nesse campo, os adultos têm muito que contribuir para fazer emergir uma geração que acredite no trabalho e goste de trabalhar. Não há nada de errado com a genética dos jovens. Estes, adequadamente motivados, estarão dispostos a levar o trabalho a sério e tudo fazer para melhorar sua vida e a de seus semelhantes com base no esforço pessoal. Afinal, a solução dos nossos problemas está em nossas mãos. Se dependermos dos outros, o Brasil irá para o último estágio da escala do progresso.

Tenho certeza de que os jovens não aceitam esse destino, assim como não toleram o fatalismo. Na verdade, os jovens são os mais aptos para enfrentar o desafio de trabalhar mais e melhor, não só devido à sua energia, como também à sua extraordinária capacidade de se adaptar às novas condições. O que nós, mais velhos, precisamos transmitir a eles é que, para os problemas mais graves, temos de buscar a união e a paciência. Para os mais simples, vontade e ação. E, para ambos, muito trabalho, e bom trabalho. Nada se consegue sem empenho, dedicação e muito suor.

O vírus da corrupção

Na formação dos valores que compõem a ética do trabalho, a corrupção tem desempenhado um papel perverso. Os jovens se desorientam em face de tantos desmandos no governo e também no setor privado, com honrosas exceções. E não é para menos. A corrupção tem efeitos devastadores na economia e na moral de uma nação.

Sei bem que, nesse campo, é mais fácil denunciar do que comprovar. Nem por isso o problema é menos grave. A corrupção faz com que os bens públicos sejam usados para fins privados. Isso dificulta o acesso aos recursos e informações, que passam a ser utilizados por grupos privilegiados que, reconheçamos, são admiravelmente criativos no ato de corromper e roubar. Com isso, a corrupção nutre poucos e debilita a maioria.

Li, certa vez, uma pesquisa realizada em cerca de 50 países que classificou as sociedades modernas em dois grupos: as de corrupção endêmica e as de corrupção localizada. A corrupção endêmica ataca grande parte dos órgãos do governo e de grandes empresas privadas. É muito comum nos países menos desenvolvidos. Dificilmente é tipificada. E, quando isso ocorre, as punições são demoradas e esquecidas. Por isso, seus estragos são imensos.

A corrupção localizada ataca determinados órgãos públicos e empresas privadas. Incide com freqüência nos países mais avançados. Por ser combatida com presteza e grande visibilidade, os estragos são menores.

A corrupção, como a da droga, não pode ser totalmente erradicada. Mas nem por isso merece trégua. Ela custa muito caro à sociedade. Uma boa propina pode vencer uma licitação. Mas, quando todos passam a "propinar", o custo do empreendimento se eleva meteoricamente. Uma obra, nessas condições, custa duas ou três vezes mais do que o normal.

A vida sem corrupção é indiscutivelmente mais barata, mais decente e mais previsível. Quanto mais corrupção, menos PIB.

Contra a corrupção não há vacina definitiva. Nem na variante endêmica nem na localizada. A corrupção requer controle constante. Quando o combate é firme e contínuo, ela se mantém latente, manifestando-se aqui e ali, de forma controlada. Quando o combate é frouxo e episódico, ela acaba se alastrando por toda a sociedade, gerando falsos valores, especialmente para os jovens. Esse é seu efeito mais nocivo. A deformação da mente leva a juventude a confundir esperteza com inteligência e suborno com eficiência.

Os alvos preferidos dos vermes da corrupção – os corruptos e os corruptores – são os sistemas eleitoral e tributário, a polícia, as informações confidenciais e, sobretudo, as licitações de grandes obras. É aí que os controles precisam ser o mais apertados possível. Os países em via de desenvolvimento, como o Brasil, ficam com o pior dos dois mundos porque os ilícitos são freqüentes, pouco punidos e as somas desviadas são muito vultosas quando comparadas com nosso minguado PIB.

Hoje em dia, com o apoio da informática e das telecomunicações, muitas tentativas de suborno têm sido afastadas por serem detectadas precocemente. É um resultado alentador, mas apenas o início de uma longa caminhada que terá de levar em conta não só os estragos econômicos, mas, sobretudo, a devastação moral que acaba disseminando na sociedade. Esta é uma matéria em que a educação conta muito, mas as instituições de controle social contam mais.

Combate à corrupção: mais ação e menos show

A corrupção decorre, sobretudo, do excesso de burocracia, da frouxidão dos controles sociais e dos maus exemplos, em especial os que vêm de cima. Estes provocam muita dúvida na juventude. Esse é o maior estrago da corrupção.

Dizem que as pessoas têm ou não têm caráter. Essa é uma grande verdade. Mas a sociedade não pode contar com isso para manter a ordem e o respeito. Aqui entra o papel das instituições. Estas possuem os mecanismos para controlar o comportamento das pessoas, fazendo acender a luz amarela no primeiro deslize e aplicando sanções cada vez mais duras na reincidência.

O Brasil tem falhado nesse campo. E não é por falta de leis nem por falta de advogados. Nosso país possui mais de 800 faculdades de Direito enquanto os Estados Unidos têm 180. Temos mais de 600 mil advogados, enquanto o Japão tem menos de 20 mil. Raros são os países que têm tantas CPIs como o Brasil. Poucas são as nações que contam com uma imprensa tão investigativa como a brasileira.

Apesar de tudo isso, os surtos de corrupção se sucedem, minando o que temos de mais precioso: a confiança da juventude no trabalho sério como forma de progresso individual e social. O que conta não é a quantidade de leis, advogados e CPIs, mas a qualidade de seu trabalho e a capacidade das instituições em prevenir e punir os delitos.

Nossos controles, na maioria dos casos, são rígidos só na fachada. As leis são severas, mas a punição, incipiente. Isso é um péssimo sinal para a juventude. Os jovens observam que os mais espertos sempre encontram maneiras de contornar as leis.

A desmoralização das leis e das instituições é o maior desserviço que prestamos às novas gerações. Surge uma sociedade em que ninguém acredita em ninguém – a sociedade da desconfiança. Isso não pode persistir. Temos de mudar. Os maus exemplos não podem se propagar tão livremente. É de sua punição que os jovens vão tirar a lição sobre o que é certo e o que é errado.

Lembram-se do caso do Banestado? – para citar apenas um dos grandes escândalos que assolaram o Brasil nos últimos anos. Havia sérios indícios de remessas ilegais de dólares para o exterior, em um montante simplesmente estratosférico: 30 bilhões de dólares. Isso mesmo, 30 bilhões de dólares!

Pois bem. Depois de muito falatório, dezenas de reuniões da CPI encarregada da apuração dos fatos, enormes gastos com viagens, consultorias e peritagem, além da permanente aparição dos integrantes da comissão nos programas de maior audiência do rádio e da televisão (para mostrar serviço aos eleitores), o processo foi arquivado. Não houve nem sim nem não. Não se sabe o que aconteceu.

Exemplos como esse enterram as esperanças do povo e destroem a confiança dos jovens. Temos muito o que mudar nessa área. Nossas instituições precisam chegar à penalidade com muita presteza, e as sanções devem ser aplicadas com grande visibilidade – estas, sim, precisam de muito rádio e muita televisão, porque é o medo de ser punido que vai ajudar a prevenir os desvios futuros.

Enfim, precisamos de mais ação e menos show por parte dos órgãos repressores. Não podemos continuar dando aos jovens a impressão de que a indisciplina e a esperteza valem mais do que o respeito e o trabalho.

Burocracia e corrupção: irmãs siamesas

Os estudos sobre corrupção são relativamente novos, mas já chegaram a conclusões respeitadas. Uma delas diz respeito à íntima relação que existe entre o excesso de burocracia e as práticas ilegais. Na verdade, burocracia e corrupção não podem ser tratadas de forma separada. São faces da mesma moeda, irmãs gêmeas, para não dizer siamesas.

Corrupção é doença contagiosa. A corrupção em uma parte da máquina pública tende a gerar corrupção em outra parte. O mesmo acontece em uma grande empresa. O contágio é rápido. A corrupção se alastra de forma impressionante. Vejam quantos delitos são praticados em tempo tão curto pelos mandatários da nação.

Uma das raízes da corrupção está no excesso de burocracia e de regulamentação malfeita, obscura e sujeita a interpretações contraditórias. O emaranhado de leis, decretos, portarias e regulamentos complexos forma um cipoal que instiga os burocratas e os corruptores a praticarem os desvios, como conclui Diogo Ramos Coelho em "Corrupção e o papel do Estado" (*Banco de Idéias*, Instituto Liberal, Ano X, n. 37, fevereiro de 2007).

Os custos do excesso de burocracia são bem conhecidos. As pessoas e as empresas gastam tempo e recursos excessivos para vencer os trâmites administrativos. Isso trava os negócios e impede o crescimento. É daí que vem a tentação. Toda vez que, cansado ou desanimado, o agente econômico decide "engraxar" os burocratas, ele cai numa armadilha da qual jamais se livrará. E, com isso, a corrupção se propaga. Corrompidos e corruptores podem até resolver seu problema de imediato, internalizando os benefícios, mas os custos recaem sobre toda a sociedade.

Em outras palavras, corrupção gera corrupção. É uma roda que não pára de rodar. As complicações burocráticas são criadas em nível superior, mas a corrupção é praticada ao longo de uma grande hierarquia de órgãos inferiores, o que faz com que boa parcela da máquina pública (e de empresas privadas) passe a operar na base da propina.

A corrupção se assemelha a doenças crônicas como o diabetes. Não há cura, mas o controle contínuo pode reduzir drasticamente seus efeitos secundários. Muitos países possuem programas explícitos de combate à corrupção, que inclui, entre outras coisas, a simplificação das burocracias, a exposição pública dos corruptos e corruptores e as penalidades legais efetivas.

Nesse campo, como no do crime e no da violência, mais importante do que leis enérgicas é sua boa implementação, para que isso sinalize aos potenciais protagonistas da corrupção o que pode ser o seu destino.

Isso está fazendo falta no Brasil. Não podemos continuar tapando o sol com a peneira. Precisamos estudar melhor as providências que deram certo em outros países e tudo fazer para adaptá-las às nossas peculiaridades culturais e sociais.

Estive uma só vez em Cingapura, mas fiquei surpreso com a quantidade de controles sociais usados para evitar os delitos naquele país. Impressionaram-me, de início, as informações solicitadas pelas autoridades para conceder um visto de entrada. Mais impactante foi ver a quantidade de informações que são transmitidas ao pretendente ao visto, como, por exemplo, que o uso de drogas é punido com pena de morte. Depois de ler tudo isso, o pretendente tem de assinar um documento em que diz ter entendido e estar de acordo com as regras do país.

Cingapura é um país pequeno e uma nação séria. Sua população não chega a 3 milhões de habitantes, mas o país ocupa um dos lugares mais altos no Índice de Desenvolvimento Humano (IDH) elaborado pela ONU e nas taxas de crescimento econômico.

O que explica um país minúsculo ter crescimento tão elevado? É resultado do trinômio educação-trabalho-respeito. Em Cingapura, a educação básica é de boa qualidade e completada por 90% das crianças.

Dois terços da força de trabalho têm mais de dez anos de escola. A ética do trabalho valoriza quem sua a camisa e enaltece quem se esforça no que faz. As jornadas são longas e bem trabalhadas. O respeito é garantido pela aplicação do que está na lei. Pessoalmente, fiquei chocado ao saber que, para certos desvios, a lei manda aplicar chibatadas. Coisa horrível! Não concordo com isso. Mas cada país desenvolve o sistema que melhor se ajusta à sua cultura. O importante é saber se a lei existente encontra base institucional sadia para ser aplicada.

O leitor deve ter sentido que usei este capítulo para falar, sem rodeios, do que constitui o objeto central de minhas meditações: a juventude do Brasil. Contamos com tudo para dar certo, bem diferente daqueles países que têm tudo para dar errado. Certa vez li um artigo sobre a Islândia com este título: "Tudo para dar errado e, no entanto, deu certo".

É claro que não se pode comparar o Brasil com a Islândia, que tem apenas 130 mil quilômetros quadrados e uma população de 300 mil habitantes. Mas é exatamente esse país que está isolado no Hemisfério Norte, possui um clima dos mais inóspitos, tem poucos recursos naturais (com exceção de energia geotérmica) e, ainda assim, conta com um dos mais altos IDH e uma renda *per capita* de 35 mil dólares (em termos de poder de compra).

Não são poucos os países com escassos recursos naturais e grandes resultados econômicos, como é o caso de Japão, Israel e Chile. O que se tornou decisivo no desenvolvimento desses países foi a acumulação do mais precioso capital de uma sociedade – o capital humano. E este se implanta e cresce na alma dos jovens. Educação, princípios, ética, moral e boa conduta são os ingredientes essenciais na formação de um povo e na sua capacitação para fazer um trabalho bem-feito.

O Brasil possui uma juventude bonita, cheia de vida, animada, alegre, jocosa e, no fundo, esperançosa de um bom futuro para o nosso país. Os problemas que ela estampa nos dias de hoje, em particular no campo da agressividade, são fruto de maus-tratos, cuidados inadequados, professores enfraquecidos e pais desunidos.

Os jovens são bons, e é com eles que temos de contar para construir a nação. Penso que o aperfeiçoamento de nossas instituições sociais é decisivo para gerar no Brasil o necessário clima dos bons exemplos. É só disso que a juventude precisa: bons exemplos na família, na escola, no trabalho e no governo.

Instituições como a Justiça e os órgãos de controle social precisam passar por rápidas reformas para que, daqui para a frente, venham a emitir os sinais da retidão e do respeito aos jovens do Brasil. Não podemos ficar repetindo a todo momento de crise que as instituições democráticas funcionam. Isso não é suficiente, é preciso demonstrar aos jovens que elas funcionam mesmo. E, até aqui, isso não foi feito com a devida clareza. Não basta garantir eleições e, com isso, dizer que a democracia está em pé. É preciso que as instituições das mais variadas naturezas garantam a conduta ordeira e laboriosa para que se possa, aí sim, construir uma democracia duradoura.

Retomarei o tema das instituições em geral, e da Justiça em particular, nos Capítulos 5 e 6, respectivamente. Mas fecho este capítulo reiterando que, dentre os vários recursos de que dispomos, estão os jovens inteligentes, que desejam aprender, trabalhar e formar suas famílias com base no respeito e na dignidade. Não podemos perdê-los porque, sem eles, o presente não tem futuro.

4

Os descaminhos da juventude

A criminalidade e a violência tornaram-se os mais alarmantes problemas deste país. Os dados indicam que os acidentes de trânsito (envolvendo automóveis e motocicletas) e os homicídios liquidam com muito mais gente no Brasil do que as guerras da atualidade. E esses infortúnios atingem em cheio os jovens, em especial os rapazes.

As causas da criminalidade e da violência são múltiplas. Por não ser *expert* no assunto, leio o que os especialistas escrevem. Vejo que a matéria é controvertida. Para alguns, pesam muito a aglomeração urbana e as más condições de habitação. Para outros, o crime reflete uma frouxidão policial e judicial. Há os que culpam o cinema e a televisão. Finalmente, há os que concentram sua atenção na pobreza, na desigualdade e no desemprego.

É bem provável que o problema resulte de uma combinação de todos esses fatores. Mas os pesquisadores concordam que o desemprego, o subemprego e o emprego precário têm forte impacto na etiologia do crime.

Procurarei neste capítulo examinar as causas desses problemas e apresentar algumas modestas sugestões para a sua resolução e, sobretudo, para a sua prevenção. Procurarei também discorrer sobre a nefasta expansão do uso de várias formas de droga entre os jovens brasileiros e suas conseqüências no trato com as pessoas em geral e, em especial, com os pais, professores e autoridades.

Desemprego, frustração e desvios

No Brasil, desemprego e informalidade dão ao mundo do trabalho uma configuração extremamente precária. Não há família que não tenha problemas nesse campo. Os determinantes macroeconômicos e institucionais do trabalho serão apresentados no capítulo 7. Neste espaço desejo refletir, com o leitor, a respeito de outras causas igualmente importantes.

Antes, porém, convém salientar que a relação entre desemprego e violência não é direta nem simples. Se todos os desempregados se entregassem ao crime e à violência, o Brasil seria um continente de bandidos. Não é assim. A ação da esmagadora maioria dos desempregados é a de buscar um emprego. Os brasileiros são gente de bem, que acredita no trabalho.

O desemprego pode ser agudo ou crônico. O agudo é o de curta duração, que atinge a pessoa durante a sua carreira por motivos devidos às empresas ou à própria pessoa. No primeiro caso, a reativação da economia e a simplificação da burocracia são essenciais para as empresas voltarem a empregar. No segundo, retreinamento, reciclagem e reconversão profissionais são os remédios geralmente indicados para alavancar a capacitação das pessoas.

No desemprego agudo sempre acaba surgindo uma nova oportunidade para que as pessoas voltem a trabalhar. O desemprego crônico, ao contrário, caracteriza-se por períodos de longa duração, muitas vezes superiores a um ano, com grande sofrimento para quem procura emprego e não encontra. Aqui também os motivos se prendem às empresas e às pessoas. Muitas empresas não conseguem superar os constrangimentos da conjuntura econômica e acabam sucumbindo ou entrando em estado de latência. No caso das pessoas, muitas encontram dificuldades intransponíveis para se atualizar por ter entrado na faixa da obsolescência profissional, uma grande tragédia humana.

O desemprego crônico tende a deixar marcas muito profundas nas pessoas e na sociedade. O mesmo pode ser dito com relação aos que trabalham em condições precárias no mercado informal. Os efeitos da desocupação prolongada são sutis, propagam-se de maneira indireta e disseminada. As pessoas desempregadas deixam de pagar suas contas, o que afeta as empresas credoras e a economia e, com o passar do tempo, atinge a própria imagem das pessoas, que passam a ser tratadas com desconfiança e cautela. Em muitos casos, instala-se o estigma do desemprego, que muda a imagem dos desempregados dentro da própria família. O impacto psicológico dessa situação é devastador. A pessoa se sente humilhada, frustrada e, em muitos casos, torna-se revoltada.

Isso não quer dizer que ela vai entrar para o crime. Parece-me, porém, que os desempregados formam círculos concêntricos na sociedade, onde os periféricos são mais graves do que os centrais. É ali que predomina, inicialmente, a informalidade com o seu conseqüente agravamento que decorre de condições cada vez mais precárias. É a área em que começam a despontar os pequenos furtos, depois roubos e, mais adiante, os assaltos e os seqüestros.

Minha análise está longe de ser científica, sobretudo porque não tenho formação para isso. Observei ao longo de meus 57 anos de trabalho que a multiplicação desses círculos concêntricos de deterioração social guarda muita relação com as condutas violentas e criminosas que dominam o Brasil.

A relação entre o desemprego e o crime é bem remota, mas não deixa de ser importante. Afinal, as pessoas precisam trabalhar para viver; e adquirem respeitabilidade quando trabalham. Quando tudo isso desaba, o tecido social se rompe e os atos desviantes se multiplicam, sendo as sociedades desiguais mais sujeitas a essa ruptura. É o caso do Brasil.

Nos últimos anos tem me preocupado também o alastramento do desemprego entre as pessoas mais educadas. Já é comum encontrar jovens formados em universidades que são levados a aceitar um emprego de nível médio para poderem trabalhar e ganhar a vida. Isso causa uma grande frustração e deixa os jovens em ambientes de alto risco, envolvidos com droga, e que, mais adiante, tendem a apresentar vários tipos de agressividade, a começar pelo desrespeito aos pais, o comportamento indisciplinado na escola e as condutas ofensivas em relação aos professores, assim como a revolta em relação às autoridades de modo geral.

A criminalidade e a ação das autoridades

Dizem que é o *crack*. Só isso explicaria tamanha brutalidade. Uma espécie de alucinação que leva os criminosos a atacar pessoas pacíficas, como tem ocorrido ultimamente em tantas regiões do Brasil. As pessoas são surpreendidas pelo crime no trânsito, no trabalho, na família ou no lazer. Elas não têm a menor reação. Aliás, são avisadas pelas autoridades para não reagir. E muitas acabam morrendo.

Em grande parte, uma ação firme das autoridades poderia evitar muitas tragédias. O fato de as cidades serem grandes, desiguais e congestionadas não justifica a escalada do crime no Brasil. A presença ostensiva das autoridades, assim como o seu bom equipamento, tem se revelado uma medida de grande auxílio na prevenção da violência urbana. No Brasil, isso é de extrema urgência. Tomando-se a capital de São Paulo como exemplo, verifica-se que os homicídios já se tornaram a principal causa de morte entre os jovens de 15 a 34 anos: de cada 100 pessoas que morrem de todas as causas, 41 são assassinadas. É um número alarmante! Intolerável!

As pesquisas mostram que, em todo o mundo, o crime está intimamente ligado à desigualdade. Esta pesa mais do que a pobreza. Nos países de alta desigualdade, como é o caso de Estados Unidos, México e Brasil, a criminalidade é alta. Nos países mais homogêneos, como França, Itália e Japão, a criminalidade é pequena. Em Gana, país homogeneamente pobre, a criminalidade é baixíssima.

Algumas cidades vêm conseguindo enormes vitórias no combate ao crime. É o caso de Nova York, que, embora seja desigual, no curto período de 1994 a 1995 reduziu a criminalidade em 25% – muito acima dos 2% conseguidos pelos Estados Unidos. Dali em diante, as estatísticas foram mostrando quedas sucessivas nas taxas de criminalidade, tendo os homicídios subido ligeiramente em 2006. Mas não há dúvida: Nova York hoje é bem mais segura do que há dez anos.

Como se chegou a esse resultado? Com mágica? Nada disso. Foi apenas com o trabalho dedicado de seu chefe de polícia, William J. Bratton, e de 38 mil comandados, ajudados por uma boa rede de telecomunicações conectada com a central de controle e vários outros aparatos que a tecnologia moderna dispõe a preços cadentes.

Entre nós, o número de policiais e facilidades de comunicação é expressivo. É pena que sejam usados nos lugares errados. Grande parte dos policiais militares está enredada no cipoal da burocracia governamental, ficando mais nos escritórios que nos locais do crime.

Os massacres no final de 2006 em São Paulo e no Rio de Janeiro renderam ao Brasil manchetes vergonhosas na imprensa internacional. Quadrilhas do crime organizado agiram com total liberdade queimando ônibus, invadindo delegacias e matando pessoas. Isso não pode ser atribuído ao desemprego nem à desigualdade que estão presentes há muito tempo entre nós – infelizmente.

O tema da segurança tem proporcionado muito espaço aos candidatos e governantes na imprensa em geral. Eles falam sobre o que pretendem fazer e, mais importante, sobre o que estão fazendo para dizimar a alta incidência do crime e da violência na sociedade brasileira. Mas, até agora, tudo tem ficado na conversa, nas promessas e no jogo de empurra para saber qual autoridade é responsável pelos delitos que ocorrem. Já é hora de os nossos governantes reorientarem os recursos humanos e materiais para cortar a parcela do crime que pode ser extirpada pelas medidas policiais – sem parar de agir, é claro, nas suas causas sociais.

O que não dá para aceitar é que toda a violência seja fruto do desemprego, da desigualdade, da pobreza e do sofrimento humano. Se assim fosse, a maioria dos brasileiros estaria há muito tempo nos braços da criminalidade.

Privilégio e impunidade

Certa vez, me pus a pensar no que devem sentir os presidiários que cumprem suas penas em cadeias superlotadas, amontoados uns por cima dos outros, em cubículos que mal permitem respirar. Para eles deve ser intrigante que, pelo fato de não terem tido o privilégio de cursar uma universidade, tenham de amargar uma cela comum, fétida e apertada, enquanto os que tiveram a sorte de se diplomar desfrutam do direito de pagar suas penas em cômodas celas especiais, algumas das quais tão equipadas quanto as mansões onde moram alguns. Não nos esqueçamos daqueles privilegiados que, alegando problemas de saúde, cumprem suas penas na própria casa. Lembram do juiz Nicolau, que arrombou os cofres do local onde trabalhava, destinado a fazer Justiça?

Deve ser irritante para os atuais presos observar que os autores de grandes desfalques à nação e responsáveis pelo agravamento da situação dos mais pobres nas escolas, centros de saúde e hospitais públicos conseguem fugir das autoridades nas barbas da polícia, instalando domicílio nos lugares mais agradáveis do mundo, como Londres, passando por Paris, Côte d'Azur, Mônaco, Miami e San Francisco, e chegando ao Taiti e outras belas ilhas do Pacífico.

Estou escrevendo tudo isso para acentuar o grande número de injustiças que ainda impera no tratamento do crime em nossa sociedade. Deve ser alucinante para os presidiários verificar que a grande maioria dos brasileiros que são condenados tem origem humilde, e muitos deles praticaram crimes infinitamente menores do que os cometidos pelos campeões dos golpes brancos, que continuam em liberdade. Até hoje não se tem notícia de que os Anões do Orçamento, os que deram fim às precatórias, os sanguessugas e outros corruptos tenham devolvido o dinheiro que desviaram ou que os beneficiados com as polpudas comissões em obras públicas e conhecidas privatizações tenham sido investigados.

Aos olhos dos batedores de carteira, o Brasil é o país do abafa. Os grandes crimes são sempre diluídos na complexidade dos procedimentos judiciais e empurrados para o canto do esquecimento público. Bem diferente é a situação dos países mais avançados. É claro que lá também há corrupção, crime e sonegação. A diferença está no reduzido número de oportunidades que se abrem para infringir a lei e nas portas que se fecham para os infratores por força de julgamentos e condenações que colocam todos nas mesmas cadeias e celas, com os demais meliantes.

O clima de privilégio e impunidade que impera no Brasil está dilacerando os valores morais da sociedade. Crianças e jovens estão sendo criados em um ambiente no qual se enaltecem as condutas deploráveis. Com a justificativa de que os serviços públicos são ruins, sonegar impostos vira esperteza. Com a desculpa de que os grandes roubam, assaltar nas esquinas torna-se rotina. Com os maus exemplos dos fugitivos abastados, esconder bandidos passa a ser ato de piedade.

Os males da impunidade vão muito além dos prejuízos materiais. Eles corroem o caráter das pessoas. O Brasil não pode esperar mais um só dia para fazer uma reforma nos seus sistemas de fiscalização, polícia e Justiça que coloque no mesmo plano os delinqüentes poderosos e os batedores de carteira.

A frouxidão no cumprimento da lei

O Brasil possui uma grande quantidade de leis, mas, infelizmente, poucas são implementadas para evitar e combater a criminalidade.

Não é o que acontece no Japão. De acordo com uma lei japonesa, por exemplo, nenhuma pessoa pode entrar naquele país se tiver algum antecedente criminal em qualquer parte do mundo ou se tiver usado drogas, narcóticos e estimulantes. Todos lembram que Diego Maradona foi impedido de visitar o Japão pelo fato de ter sido declarado culpado na Itália pelo uso de drogas e preso na Argentina por ferir cinco jornalistas a tiro de revólver. Apesar de todo o seu prestígio, não houve contemplação. Ficou de fora.

Na ocasião, a imprensa criticou muito aquele "excesso de rigidez". Mas, na mesma época, li um artigo no qual seus autores reconhecem que o exercício rigoroso do controle da droga e do crime é a principal razão de o Japão estar livre desses graves problemas (Akihiro Otani, "Keeping Maradona Out Was a Right Thing to Do", *Japan Update*, agosto de 1994).

Naquele mesmo ano, o Senado dos Estados Unidos aprovou um projeto de lei que ampliou o número de crimes sujeitos à pena de morte, proibiu a comercialização de vários tipos de armas e estabeleceu a responsabilidade civil a partir dos 13 anos de idade. Foi um considerável "endurecimento" na legislação em vigor. As discussões foram acaloradas, mas prevaleceu o bom senso: desviantes precisam ser controlados. E são.

Sou contra a pena de morte. Mas, comparado ao Japão e aos Estados Unidos, o Brasil tem as penas mais brandas e o cumprimento muito frouxo. O Japão está no outro extremo: tem a legislação mais rigorosa e a implementação mais eficiente. Os Estados Unidos estão no meio: implementavam com rigor, mas tinham uma legislação relativamente frouxa, que permitia a qualquer pessoa comprar armas de grande periculosidade em lojas de esquina. Com a nova lei do Senado, acabou essa moleza. As leis estão ficando mais duras, e sua implementação, mais rigorosa. É por aí que se explica o sucesso de Nova York e de outras cidades no combate ao crime e à droga.

É certo que o analfabetismo, o desemprego, a miséria e a desigualdade têm relação com a droga e com o crime. Mas o rigor da lei, tanto na prevenção quanto na correção, é absolutamente fundamental para conter essas epidemias sociais.

No Brasil, os que são do ramo sabem que um infrator tem pouca chance de ser detido num eventual delito e levado às últimas conseqüências de uma condenação. Para a maioria dos criminosos, faltam cadeias; para a minoria, sobram *habeas corpus* que põem em liberdade os infratores mais contumazes.

A baixa possibilidade de punição se transforma num verdadeiro convite ao delito. Estamos bem longe do Japão, onde, repito, um ídolo mundial como Maradona não conseguiu demover as autoridades do cumprimento da lei existente. Ali, o crime não compensa e, aparentemente, não dá voto.

A pior de todas as guerras, contra as drogas

Neste ano de 2007 em que o mundo se preocupa com a eventual continuidade da Guerra do Iraque e com as previsões de muitos "gurus" segundo as quais o enforcamento de Saddam Hussein será vingado com mais e mais terrorismo, o Brasil continua sem saber o que fazer para ganhar a guerra contra os traficantes de drogas.

O que não dá para entender é o surgimento de outras guerras predatórias dentro da mesma guerra. Refiro-me às disputas de poder que são comumente travadas entre os órgãos responsáveis pelo combate ao tráfico de drogas, o que, aliás, também acontece com as polícias civil e militar, sob cuja responsabilidade está o controle do crime.

A guerra das burocracias é a pior de todas as guerras. É disso que os traficantes e os criminosos gostam. Enquanto os burocratas disputam o poder, eles expandem suas vendas e multiplicam seus crimes.

Não podemos ter ilusões. A guerra às drogas exige ataques nas mais variadas frentes. O consumidor terá de ser um alvo tão importante quanto o produtor, o comerciante e o traficante. Será prioritário, é óbvio, proteger os consumidores potenciais – as crianças. Para tanto, o Brasil terá de considerar seriamente a edição de leis que proíbam a circulação de menores desacompanhados nas ruas, à noite (a menos que estejam indo ou voltando da escola), e de regras que generalizem a proibição do funcionamento de pontos de disseminação de drogas depois das 21 horas: bares, saunas, casas de massagem, danceterias, clubes noturnos, casas de jogos eletrônicos e outros – providência que, onde foi adotada, deu certo.

É muito fácil atribuir aos consumidores o *status* de "doentes". Penso que são doentes mesmo. Mas, antes de ser doentes, eles foram vítimas de espertalhões que lhes passaram o vírus da droga. É aí que está a raiz do problema. É aí que precisamos melhorar nossas ações.

Jovens na zona de risco

A polêmica sobre o fechamento dos bares mais cedo é grande. Várias cidades já aprovaram essa medida. Na cidade de São Paulo, uma lei municipal de 1999 estabeleceu o fechamento à 1 hora da manhã.

Vi as manifestações dos boêmios que se consideram usurpados na sua liberdade de praticar o ócio e o lazer noturnos. Não tenho nada contra os amantes da noite. Questiono, porém, o fato de ignorarem que no mundo inteiro a maioria dos crimes ocorre em conexão com o uso indevido do álcool em bares durante a noite. Li há uns dez anos uma pesquisa muito rigorosa, baseada em uma amostra de quase 6 mil jovens, que demonstrava que a incidência do crime aumenta entre 1) os que passam a maior parte do tempo "sem fazer nada", na ausência de supervisão adequada (pais, parentes, professores etc.); 2) os que ficam expostos na noite por períodos prolongados em ambientes onde há uma "audiência" instigadora de desvios de comportamento (bares, lanchonetes, bailes etc.); 3) os que, ao mesmo tempo, usam drogas (inclusive bebidas alcoólicas) e dirigem perigosamente (D. Wayne Osgood e outros. "Routine Activities and Individual Deviant Behavior". In: *American Sociological Review*, v. 61, 1996).

Quando a Câmara de Vereadores de São Paulo aprovou a lei que proíbe a permanência das pessoas nos bares depois da 1 hora da manhã, achei que, para os adolescentes, esse horário foi demasiadamente generoso. Além disso, a lei de São Paulo se aplicava apenas aos bares que 1) funcionavam de portas abertas; 2) não tinham isolamento acústico; 3) não possuíam estacionamento; 4) não dispunham de segurança; e 5) atrapalhavam a vizinhança. Eram tantos os condicionantes que chego a pensar que o novo dispositivo foi feito como um convite ao jeitinho brasileiro.

De qualquer forma, o projeto aprovado foi um passo necessário. Por força de um tipo de mutirão ("Pacto pela Paz"), vários bares da região da Grande São Paulo, desde 2004, passaram a fechar às 22 horas. Foi um belo gesto de voluntarismo e bom senso.

Qual é o resultado disso? Onde foi avaliada, a violência diminuiu, especialmente a que envolve adolescentes. O afastamento dos fatores precipitadores, como o fácil acesso ao álcool durante a noite, foi crucial. Os homicídios na Grande São Paulo caíram. "Numa estimativa conservadora, a queda nos municípios que adotaram a 'lei seca' foi 8% maior do que nos municípios que não adotaram", afirma João Manuel Mello, da Pontifícia Universidade Católica do Rio de Janeiro (PUC-RJ). Esses 8% corresponderam, nos cálculos do professor, a 275 vidas por ano. É um número expressivo.

É claro que, no rol de atividades para combater as drogas, o álcool e a violência, é crucial a implementação de bons programas de ensino e a ajuda de professores preparados, assim como de programas conduzidos por policiais treinados, bem pagos e sujeitos a rigorosa fiscalização dos órgãos corregedores.

Enfim, estamos no meio de uma complicada guerra para a qual é indispensável uma organização eficaz nos campos da educação e da repressão. Está na hora de juntar esforços, deixando de lado o inglório culto à vaidade.

A globalização dos entorpecentes

A globalização do comércio, finanças e comunicações tornou o tráfico de drogas florescente. Com a ajuda das telecomunicações e da informática, o transporte ilícito e a lavagem de dinheiro ficaram muito mais eficientes. Tudo isso ativa o comércio de drogas. As Nações Unidas estimam que o comércio primário de drogas ande ao redor de 500 bilhões de dólares por ano.

Os *descaminhos* da juventude

Não é difícil imaginar as conseqüências nocivas desse fabuloso montante de recursos: aumento da criminalidade, das despesas de saúde, fraudes financeiras, e assim por diante – tudo o que conspira contra a boa formação da nossa juventude. Basta dizer que, dos quase dois milhões de pessoas que estão nas cadeias dos Estados Unidos, 70% chegaram ali pelo uso ilegal de drogas. Uma boa parte das chacinas diárias é determinada pela inadimplência dos consumidores de drogas. Entre os traficantes, há um claro princípio: quem deve paga, com dinheiro ou com a vida. Por isso, o *crack* é visto com pouco interesse pelos intermediadores de drogas. A sua potencialidade de destruição dos neurônios é tão grande que em dois ou três anos a grande maioria dos usuários acaba morrendo, reduzindo a demanda.

Sei que sua missão é outra, mas, ainda assim, ouso perguntar se não está na hora de colocarmos o nosso Exército para atuar nas fronteiras do Brasil, para evitar a entrada de drogas e armas. Penso que isso resultaria em um grande auxílio no combate a esse flagelo.

Os números são espantosos. Em 1999, as polícias do mundo apreenderam cerca de 350 toneladas de cocaína, e isso representava apenas 20% do que é produzido e consumido na face da Terra. É de estarrecer! De lá para cá, as quantidades só aumentaram. E, com as drogas, vieram as armas sofisticadas, de grande poder destrutivo.

Além de estragar a saúde, quando se mistura com as armas, a droga tem uma responsabilidade imensa nos homicídios, assaltos e desastres de trânsito. Cerca de 150 mil brasileiros morrem todos os anos por força dessas ocorrências. Isso é duas vezes o número de vítimas fatais causado pela bomba atômica de Hiroshima! O professor Steven Levitt, da Universidade de Chicago e especialista em economia do crime, chegou à triste conclusão de que a violência custa 80 bilhões de dólares por ano ao Brasil. Uma soma fantástica, só superada pelo inestimável valor das vidas humanas atingidas por esses infortúnios.

Drogas e armas são devastadoras para a economia, para a sociedade e, em particular, para a juventude. Em São Paulo, mais da metade das mortes de crianças e adolescentes é devida a assassinatos. Em 70% dos casos, esteve presente a fatídica combinação de arma com droga.

O problema é de extrema complexidade, mas não é insolúvel. Trata-se de uma luta difícil, mas factível. Não basta proibir o uso de armas não registradas. É preciso coibir a fabricação das armas. Foi pena a população ter decidido diferente no plebiscito de 2005.

Do mesmo modo, não basta que os Estados Unidos joguem 1 bilhão de dólares na Colômbia para reduzir a oferta da droga. É preciso que façam diminuir o número de usuários americanos que consomem, anualmente, 300 das 500 toneladas de cocaína produzidas na América do Sul.

Ações eficazes dos governantes

Convém anotar o que está dando certo no campo do combate às drogas. No Canadá, a droga atinge apenas 3,8% da população e o crime é baixíssimo. Na França, 1,1%. E, em certas regiões dos Estados Unidos (a cidade de Boston, por exemplo), os programas antigangues, que mobilizam polícia, associações, igreja e toda a comunidade, estão conseguindo conter grande parte das drogas e da violência. Ou seja, a presença da polícia e a existência de leis específicas para combater as drogas e a violência são peças essenciais para reduzir a incidência desses problemas. Uma justiça rápida e o cumprimento das leis são outros dois elementos de grande importância.

A escola e a sociedade têm muito a fazer nesse campo. Atualmente são inúmeros os professores que têm um verdadeiro pavor de entrar na sala de aula porque ali são agredidos moral e fisicamente por alunos, com freqüência, alcoolizados e vários deles, drogados. Esse estado de coisas não pode continuar. A sala de aula é o lugar sagrado de os professores exercerem o magistério. A sociedade precisa que eles se sintam bem nas escolas e realizem seu trabalho com prazer e dedicação.

Esse problema precisa ser combatido em várias frentes: preparando os diretores, os administradores escolares e os professores para lidar com alunos que, mais do que tudo, precisam de ajuda para sair do mundo das trevas. E dando a eles condições de segurança para agir livremente. Essa medida é fundamental.

A família, é claro, tem muito a fazer. O contato mais íntimo entre pais e filhos é o primeiro passo para evitar os desvios de conduta. Os pais precisam ser ajudados e também responsabilizados. Em 2005 e 2006, numerosos estados americanos aprovaram leis que permitem aos policiais entrar em festas em casas de família ou em bares comerciais para verificar o eventual uso excessivo de álcool por menores de idade. Feita a constatação, os adultos (responsáveis pelas festas ou pelo comércio), inclusive os pais, sofrem autuações bastante pesadas. As multas variam entre 500 dólares e 2.500 dólares por adolescente.

Em cerca de trinta estados, essa lei já vem sendo implementada com bons resultados. A ação das autoridades está provocando uma mudança positiva no comportamento dos pais, que se tornaram mais alertas em relação aos filhos. A sociedade como um todo também está sendo beneficiada. Segundo estimativas de 2003, o excesso de uso de álcool entre menores de idade custou 53 bilhões de dólares aos Estados Unidos, principalmente devido às mortes e ferimentos gerados em acidentes de carro ("Adults penalized for teen drinking", *USA Today*, 5/1/2007). Em vista de tamanho prejuízo, os estados resolveram tornar os adultos co-responsáveis pelos estragos, começando pelas multas e terminando em prisão. Uma boa medida.

As sociedades mais desenvolvidas também têm sido bastante arrojadas ao optar por medidas práticas e expeditas de combate à violência urbana. O governo da Inglaterra adotou o "toque de recolher" entre 21 horas e 6 horas para todas as crianças que têm 10 anos ou menos. Nos Estados Unidos essa regra já está em vigor em 70% das cidades, e, na maioria delas, nenhum menor de 18 anos pode perambular sozinho pelas ruas após as 20 horas nos dias de semana e 23 horas nos sábados e domingos – a não ser por razões escolares.

Medidas desse tipo são controvertidas, sem dúvida. Mas as pesquisas realizadas comprovam a sua alta eficácia na proteção dos menores e na redução da criminalidade. O objetivo, no caso, é impedir a prática de pequenas infrações e a entrada precoce das crianças no mundo da droga, o que, mais tarde, acaba gerando comportamentos patológicos, responsáveis por crimes maiores.

Em algumas cidades americanas (Nova York, por exemplo), essas medidas reduziram em 33% os roubos e em 22% os homicídios, o que não é nada desprezível nestes dias de tanta violência. Tais práticas fazem parte dos chamados "sistemas de tolerância zero". Trata-se de decisões corajosas, tomadas por governantes que colocam o bem-estar da população e a proteção dos menores acima de sua popularidade.

Não há razão para imitarmos cegamente o que é feito em outros países. Mas nada justifica ignorar experiências externas que produzem bons resultados no campo social. No Brasil, onde os índices de violência urbana são infinitamente superiores aos da Inglaterra e dos Estados Unidos, convém examinar com cuidado as referidas providências.

É evidente que a redução de menores circulando à noite está longe de ser uma panacéia milagrosa para conter a crescente onda de violência que invade as cidades brasileiras. Mas, associada ao firme combate às drogas e a outras medidas de disciplina e bom senso – como, por exemplo, o fechamento de bares e a paralisação das máquinas de *videogames* depois das 20 horas –, tal medida pode ajudar de forma muito positiva a mitigar a criminalidade e preservar as crianças de riscos desnecessários. Com isso, estaremos cultivando o mais precioso capital que qualquer nação possui: a sua juventude. Sem um tratamento adequado no presente, nada podemos esperar dela no futuro.

Os males do fumo

Esse é outro problema que me preocupa na formação da nossa juventude. Sei que o tema é também controvertido.

Felizmente, o tabagismo está diminuindo, especialmente entre os homens, embora tenha aumentado entre as mulheres. Apesar disso, continua muito alto, e os efeitos deletérios sobre a saúde dos jovens e dos adultos em geral são cada vez mais espantosos. O fumo mata cerca de 5 milhões de pessoas no mundo anualmente. Vinte e cinco doenças são causadas e agravadas pelo fumo, entre elas o câncer de pulmão, as cardiopatias, os problemas vasculares e outras. O quadro é tão grave que a Organização Mundial da Saúde (OMS) fez uma convenção internacional em 1993 para coibir o uso do fumo. Em decorrência disso, muitos países, inclusive o Brasil, passaram a implementar várias medidas de combate ao tabagismo, dentre elas a proibição de fumar em lugares públicos.

Os gastos para reparar os estragos são muito altos. Em média, os países despendem cerca de 1% do PIB para tratar das doenças contraídas pelos fumantes. Entre nós, morrem cerca de 200 mil pessoas por ano devido a essas doenças. Além de o governo arcar com as despesas de tratamento, as empresas pagam pelos dias não trabalhados e os cidadãos são obrigados a pagar mais por seguros e impostos. Como diz Lester Brown, presidente do Worldwatch Institute, organismo de pesquisas que analisa as questões ambientais globais, "as pessoas têm todo o direito de fumar, mas não têm o direito de fazer a sociedade financiar o seu vício" (Lester Brown e outros, *Vital Signs*. Londres: Earthscan Publications, 1994).

A propaganda importada e carregada de sedução constitui, hoje em dia, um dos mais importantes fatores de exacerbação do fumo. Os ex-ministros da Saúde Adib Jatene e José Serra conseguiram, a duras penas, reduzir a penetração desse tipo de propaganda no rádio, nos jornais e na televisão. Foram boas medidas e, no meu entender, devem ser intensificadas.

A despeito de todos os prejuízos causados às pessoas e à sociedade, há quem defenda esse vício. Há alguns anos, um fabricante de cigarros veio a público para dizer que o cigarro ajuda as pessoas a morrer mais cedo, permitindo ao Estado economizar polpudas verbas que gastaria para curar as doenças e bancar a aposentadoria dos que duram muito tempo. Não é um absurdo? É a teoria da vantagem da morte precoce. Mas a insensatez não parou aí. A empresa defendeu que o lugar do morto poderá ser preenchido por um desempregado, o que transforma o tabagismo em um grande gerador de empregos!

Nos meus 57 anos de trabalho, é a primeira vez que vejo uma empresa dizer que seu produto é bom porque mata os consumidores.

Mas, volto à pergunta: de onde vem o direito dos fumantes de forçar a sociedade a financiar seu vício? As contas apresentadas pelas empresas de cigarros são enganosas. Costumam dizer que os impostos arrecadados geram recursos muito superiores aos que a sociedade gasta para tratar dos doentes. Elas desconsideram o fato de que, se o dinheiro não fosse usado para sustentar esse vício, seria usado pelos consumidores para comprar outros bens, gerar mais demanda, maior produção, melhores resultados e, portanto, mais investimentos, empregos e impostos – além de afastar o sofrimento e manter viva uma população que está no pico de sua capacidade produtiva.

Segundo dados da OMS, se nada for feito, daqui a dez anos o tabagismo estará ceifando 10 milhões de vidas anualmente. Isso não merece um esforço educativo para fazer as pessoas pararem de fumar? A mídia pode ajudar muito nesse sentido. De certa forma, já está ajudando. A imprensa dos Estados Unidos divulga diariamente as vultosas indenizações que muitos fumantes reclamam em conseqüência de doenças adquiridas pelo uso do cigarro. Naquele país, o fumo mata 400 mil pessoas por ano.

Muitos economistas advogam uma fortíssima tributação dos derivados do tabaco e do álcool, não só para inibi-los como, sobretudo, para fazer seus consumidores participarem de forma mais direta do financiamento dos serviços de saúde que a sociedade é forçada a oferecer. Sabe-se que cigarro e álcool andam juntos. É muito grande o número de pessoas que fumam e bebem de forma contumaz.

Mas essa relação é complexa. Uma pesquisa realizada no ano 2000 demonstrou que, ao se elevar o preço do álcool, há uma redução no consumo de bebidas e de cigarros. Mas, ao se elevar o preço do cigarro, há uma elevação do consumo do álcool (Sandra L. Decker e Amy Ellen Schwartz, citado na revista *Business Week*, 20/3/2000). A contradição intrigou as pesquisadoras. Estudando mais a fundo, elas verificaram que, ao elevar o preço das bebidas, as pessoas passam a freqüentar menos os bares, onde o fumo é intenso. Mas, ao elevar o preço do cigarro, os fumantes que desistem do vício procuram uma alternativa aparentemente de menor efeito colateral – o álcool.

Outras tentativas de mensuração econômica foram tentadas, muitas delas com resultados educativos. Dois economistas de Harvard procuraram explicar as diferenças de uso do cigarro em diferentes países. Nos países da Europa, de modo geral, há muito mais fumantes do que na América do Norte. A primeira hipótese dos pesquisadores era que o uso do cigarro é inversamente proporcional ao seu preço. Falharam, pois o cigarro é muito mais caro na Europa do que nos Estados Unidos. Partiram para uma segunda hipótese, a renda. Os pobres deviam fumar menos por falta de recursos. Também falharam. Enquanto os fumantes dos Estados Unidos – país de renda alta – consomem 1.230 cigarros por ano, os da China – país de renda baixa – consomem 1.446; os da Rússia, 2.058; os da Bulgária, 2.693; e os da Grécia, 3.131. Em vista disso, os pesquisadores chegaram à conclusão de que a drástica redução no uso de cigarros nos Estados Unidos nos últimos anos deveu-se às boas campanhas educativas, aos programas de comunicação de massa e às repercussões dos litígios contra os fabricantes de cigarro, nos quais são exibidas provas pavorosas dos estragos provocados pelo fumo (David Cutler e Edward Glaeser, "The Economics of Smoking", *The Economist*, 29/4/2006).

O Brasil também fez progressos nesse campo. Graças às várias campanhas contra o fumo, a proporção de fumantes nas principais capitais caiu de 33% para 17% entre 1989 e 2004. Mas há um grande caminho a percorrer porque os adolescentes passaram a fumar mais e, hoje em dia, constituem a maioria dos fumantes. São também os que fumam a maior quantidade de cigarros.

Guerra mundial ao tabagismo

Volto a comentar a convenção da OMS de 1993. O tratado contém cláusulas contra a proliferação dos pontos-de-venda, sobre o controle da publicidade e até sobre a proibição da comercialização de cigarros em certos ambientes. Os países signatários terão de envidar todos os esforços para banir o tabaco da vida humana. Já estava na hora. O Brasil ratificou a convenção. Agora é questão de implementá-la. Isso é urgente. O governo gasta no SUS, com tratamentos de câncer do pulmão, derrames e cardiopatias, uma parte expressiva do que o país arrecada de impostos sobre o cigarro.

A convenção em si não garante o fim do problema. A obediência aos seus princípios é a parte mais decisiva. Nesse campo, terão de ser intensificadas as restrições ao fumo, a rotulagem sobre os danos, a contrapropaganda etc.

Tais medidas exigem deliberação e recursos. Não é fácil, mas não se pode desanimar. Os primeiros resultados começam a aparecer. Nos últimos anos, a produção e o consumo de cigarros estabilizaram-se. Em 27 países que adotaram lugares especiais para fumantes, constatou-se uma redução do consumo de cigarros da ordem de 29% (Erik Assadourian, "Cigarette Production Dips Slightly", *Vital Signs*, 2003). Dados de 2006 mostram resultados ainda mais animadores. Nos Estados Unidos, o hábito de fumar caiu muito e atinge apenas 19% da população. Na Inglaterra, são 27% e na Alemanha, 34%.

A guerra ao tabagismo precisa ser intensificada, mesmo porque é bem provável que os fabricantes de cigarros, que gastam centenas de bilhões de dólares em propaganda, venham a inventar novas artimanhas para alimentar o vício. Será uma luta de gigantes. Mas o valor da vida humana está acima de qualquer negócio.

O jogo como trabalho

Neste capítulo em que falo dos descaminhos da juventude, acrescentarei algumas considerações sobre os que defendem a idéia de abrir os cassinos para dar emprego aos jovens do Brasil.

Vira e mexe, defrontamo-nos com essa proposta. É igualmente um tema polêmico. Dentro de minhas limitações, tenho pesquisado o assunto. Os dados que coletei me convenceram de que o jogo nunca vem sozinho; é sempre acompanhado de criminalidade, drogas, alcoolismo, prostituição e corrupção.

Longe de gerar empregos, a jogatina cria graves problemas sociais, contra os quais as comunidades têm de gastar vultosos recursos nos campos da saúde, da polícia e da justiça.

As pesquisas realizadas nas sociedades onde os cassinos existem há várias décadas indicam que o jogo é o tipo de negócio que tem um enorme potencial de lucro para os proprietários dos cassinos e um elevadíssimo custo social para a comunidade, que é obrigada a investir não só na infra-estrutura turística, como também nos sistemas de controle dos desvios de comportamento.

Os estudos realizados pelo economista William R. Eadington, que, aliás, leciona no estado de Nevada, onde está Las Vegas, comprovam que os cassinos abrem um enorme espaço para o crime organizado e propelem a corrupção na política, na polícia e na própria Justiça. Ademais, as cidades onde há cassinos exibem as mais altas taxas de crime *per capita*, alcoolismo e prostituição.

É bom lembrar que os cassinos de Las Vegas se instalaram em 1930. Naquela época, quase não se falava em drogas. Hoje a realidade é outra. Os dados comprovam que os cassinos constituem os melhores abrigos para o uso e tráfico dos mais nocivos tipos de drogas. Jogo e droga! Essa é a dupla perversa que estaremos promovendo ao apoiar a legalização dos cassinos no Brasil.

O jogo tampouco favorece as finanças das comunidades, pois os recursos gerados são insignificantes em relação aos investimentos realizados em turismo, polícia e Justiça.

Há os que advogam o jogo como meio de promover políticas de justiça social no pressuposto de que transfere renda dos ricos para os pobres. Ledo engano. O jogo é muito injusto. Pesquisas realizadas nos Estados Unidos e na Inglaterra revelam que: 1) a proporção da renda gasta pelos pobres no jogo é muito mais alta do que a dos ricos; 2) os jogadores mais assíduos e imprudentes são os de menor renda ou de renda muito alta; 3) a receita gerada pelo jogo tende a ser regressiva, ou seja, o grosso é aplicado em benefício dos proprietários dos cassinos e dos turistas.

Na tentativa de convencer quem é contra, alguns adeptos do jogo propõem um sistema gradualista. Em outras palavras, o jogo seria implantado apenas em Manaus e em Foz do Iguaçu, a exemplo de Las Vegas e Atlantic City.

Ninguém nega que os brasileiros de Manaus e Foz do Iguaçu precisam de empregos. Mas a melhor alternativa não é o jogo. O Brasil precisa criar empregos saudáveis em torno de atividades que geram grandes benefícios coletivos com menores custos sociais para a comunidade. Empregos nos quais se ganha com responsabilidade em vez de locais onde se gasta com imprudência.

O jogo do bicho é tido como prática divertida e inofensiva. Mas o que geralmente é encontrado nos cofres-fortes dos banqueiros do bicho do Rio de Janeiro e em São Paulo quando há uma batida policial levanta sérias suspeitas de envolvimento de funcionários públicos, policiais, parlamentares e até magistrados nessa prática. E, com ela, vem o tráfico de drogas.

É triste ver tanta gente querendo defender a legalização do jogo como forma de solução do desemprego. Nada mais errado. Onde o jogo é legalizado, imperam outros problemas.

O Brasil precisa de mais produção e de menos cassinos! Fico preocupado quando vejo o governo avançar e retroceder no que tange à legalização dos bingos e dos caça-níqueis – ao lado de tanto jogo que já está legalizado (raspadinhas, loteria esportiva, loto, sena, concursos de TV e outros), sem contar os carteados, os jogos de azar ilegais e os cassinos clandestinos que se multiplicam à luz do dia.

Convenhamos, o Brasil já é um paraíso do jogo. Se o governo e os parlamentares de Brasília estão realmente interessados em criar postos de trabalho, conviria considerar alternativas que tenham efeitos nocivos menores. Refiro-me à expansão da agricultura, do comércio, da indústria, da educação, da saúde e de tantos outros serviços que abrem postos de trabalho sem criar problemas de segunda geração.

Isso, sim, pode gerar empregos – e empregos sadios –, e não a jogatina. O jogo não escolhe vítimas. Quem dele se aproxima é atingido em cheio, ora perdendo seus recursos, ora destruindo costumes e valores morais, além de gerar uma imensidão de problemas de difícil e dispendiosa solução.

Já é hora de concentrar as atenções dos nossos jovens na importância do trabalho e, sobretudo, criar oportunidades de empregos para todos eles. Emprego não se gera com conversa. E muito menos com jogo. O Brasil precisa voltar a investir naquilo que tem significado para a produção e para o emprego. O jogo nunca enriqueceu as pessoas, exceto os seus mentores. Isso não é novidade.

5

A força das instituições

No capítulo 1 abordei a importância dos valores na formação das pessoas e na determinação das atitudes e condutas. Os valores não atuam no vácuo. Eles ganham força quando fazem parte das instituições sociais. A família, a escola, a Igreja, a Justiça, o governo, por exemplo, são modelos de instituições que plasmam os comportamentos das pessoas e, como tal, estão carregadas de valores legítimos por terem sido aprovados pela sociedade.

As sociedades mais avançadas cultivam muito as instituições. Nelas, os comportamentos são previsíveis com base nos valores que integram as instituições. Há pouco espaço para a improvisação, para o voluntarismo e para os desvios de comportamento. Os povos dessas sociedades temem o desgaste das instituições e, quando isso acontece, elas são logo substituídas por outras instituições – sempre com a discussão e a aprovação dos cidadãos.

Nas sociedades em desenvolvimento, há ainda muito espaço para os heróis e os líderes carismáticos. Seus povos tendem a valorizar mais a bravata de um dirigente valente do que as regras e os valores das instituições. Não é à toa que a democracia, o sistema judiciário e os controles sociais estão sujeitos a uma grande interferência do poder pessoal, e não da regra institucional.

Vários aspectos da fragilidade e do envelhecimento das instituições brasileiras serão tratados neste capítulo, dando-se especial atenção à importância de implementá-las e renová-las para a formação da juventude e para a modelagem dos comportamentos futuros.

O estado da democracia

Ainda bem que a proporção de brasileiros que gosta do regime autoritário é de apenas 15%. Esse foi o dado da pesquisa realizada pelo Instituto Latinobarómetro, do Chile, e publicada na revista *The Economist* (29/10/2005).

O Brasil do regime autoritário realizou muitas obras, mas falhou, imperdoavelmente, na melhoria da educação e na formação de lideranças jovens. Perdemos um tempo precioso. Nossa força de trabalho tem apenas seis anos de estudo. As escolas de todos os níveis, com raras exceções, são muito precárias. O analfabetismo funcional chega a 60%.

Tudo isso constitui um grande obstáculo para o nosso crescimento e progresso social, inclusive na área política. Os dados da aludida pesquisa, porém, mostraram um lado preocupante da realidade política do Brasil. Embora os fãs do autoritarismo não passem de 15%, os amantes da democracia estão diminuindo. Isso é triste. Em 1996, 50% dos brasileiros consideravam a democracia o melhor regime, o que já era pouco. Em 2005, eram apenas 37%. Houve uma queda de 13 pontos percentuais em nove anos.

Isso significa que cerca de 63% da população brasileira se desencantou com a democracia. Argumenta-se que o crescimento econômico desse período gerou benefícios muito reduzidos em matéria de educação, saúde, segurança e previdência. Entre 1996 e 2006, o Brasil cresceu apenas 2,5% ao ano, em média. Isso é muito pouco para pensar na melhoria de vida da população.

Nos dezoito países pesquisados pelo Instituto Latinobarómetro, a falta de empregos aparece como o mais grave problema e a maior fonte de frustração com o regime democrático. Em seguida vêm os baixos salários e a falta de segurança. São dados para nos pôr a pensar e, sobretudo, agir.

A democracia é um dos mais valiosos ativos da sociedade moderna. Não podemos perdê-la de jeito nenhum. Se a situação está difícil dentro do regime democrático, será muito pior fora dele.

Mas, para consolidar a democracia, não basta a crença no regime. É preciso que as nações apresentem resultados concretos aos seus povos. O crescimento econômico é um deles. A distribuição de renda é outro.

Entretanto, mais importante do que todos eles é a melhoria da educação. A ignorância constitui o maior perigo para a democracia e para o próprio crescimento econômico. Muitos países são pobres em recursos naturais, mas, pelo fato de terem um bom ensino, prosperaram. Basta lembrar de Japão, Israel, Coréia do sul e outros. Inversamente, muitas nações que têm recursos naturais abundantes não conseguiram avançar devido à precariedade de seus recursos humanos. O Brasil é um caso eloqüente.

A América Latina vem passando por séria crise política. O intervencionismo do governo na vida dos venezuelanos é preocupante. Quando um governo destitui juízes, controla a imprensa e quer governar sem o Congresso Nacional, a democracia corre risco. Em menor escala, assiste-se a uma grande intervenção do poder público na esfera econômica da Argentina para assegurar preços baixos e o controle da inflação. Essa receita, utilizada várias vezes, sempre falhou. A redução da esfera de ação da livre iniciativa é o prelúdio de controles maiores que desembocam na redução das liberdades individuais. O caso da Bolívia, iniciado em 2006 com a invasão das refinarias da Petrobras – em franco desrespeito às normas contratuais –, também fez acender a luz vermelha no tabuleiro da democracia latino-americana.

No Brasil, as tentativas de intervencionismo na imprensa, com a criação de mecanismos de controle governamental, foram todas frustradas, e espera-se que jamais sejam parte da agenda do governo, porque esse é o caminho do abafamento das liberdades e abandono da democracia.

O problema é que a democracia não brota da vontade dos governantes nem se afirma naturalmente pela realização de eleições. Tudo isso constitui apenas os primeiros passos do grande empreendimento democrático. A democracia é construída no dia-a-dia, por meio de várias ações de controle dos governantes por parte dos eleitores. É um regime que exige vigilância constante.

Nesse sentido, o Brasil está mal das pernas. As ações do povo no campo democrático têm se limitado ao ato de votar. Mas um ano depois das eleições a maioria dos eleitores esquece até mesmo o nome de seu escolhido. Quem não se lembra do nome não tem condição de agir e de cobrar, muito menos de protestar nos casos de descumprimento das promessas de campanha.

Esses são os sinais da fraca cultura democrática de nosso povo. Mas ela pode ser aperfeiçoada por meio de mecanismos específicos, destinados a estimular a vigilância e a participação popular, como veremos a seguir.

Campanha contra a demagogia

Em 1994 tive o prazer de conhecer o ex-ministro da Fazenda da Nova Zelândia, Roger Douglas, que veio a São Paulo para participar de um seminário sobre privatização. Já conhecia suas idéias pela leitura de livros, e nossa conversa envolveu vários assuntos.

Na época, o visitante estava organizando um partido com uma preocupação muito específica: como controlar o populismo? Na sua empreitada, ele estava introduzindo a seguinte prática na campanha eleitoral da Nova Zelândia, que se daria no ano seguinte: toda vez que um candidato fosse à televisão dizer, por exemplo, que criaria cem mil empregos, sem dizer como faria isso, ao seu adversário ficaria assegurado o direito de ir à mesma TV para criticar o primeiro candidato. O "como" era a peça essencial para o povo saber de que forma agiria um candidato para chegar a determinado objetivo.

Achei a idéia simples e eficiente. Parece que foi implantada mediante um acordo de cavalheiros entre os candidatos dos vários partidos. Ou seja, todo candidato que faz uma promessa tem de dizer "como" procederá. Do contrário, seus adversários ocuparão o espaço dele na mesma televisão para arrasá-lo.

O ex-ministro acreditava que, com o tempo, os próprios eleitores começariam a exigir esse "como" dos vendedores de promessas. Concordo com ele. Essa é uma forma pedagógica de levar o povo a cobrar melhor e mais duramente os que tentam capturar seu voto. Trata-se de um mecanismo de autocontrole do populismo e da demagogia que leva os candidatos a evitar promessas absurdas.

Muitos poderão argumentar que a Nova Zelândia é um país minúsculo com apenas 3,5 milhões de habitantes, todos muito bem-educados. É verdade. A nossa realidade é diferente. Somos um país continental, com uma população gigantesca e baixo nível de educação. Reconheço essas diferenças. Mas ainda assim penso que devemos fazer uma boa assepsia nas nossas campanhas eleitorais.

É muito fácil prometer mundos e fundos para cativar os eleitores. Basta manipular suas emoções. O difícil é realizar o prometido. Por isso, sugeri em um artigo na *Folha de S.Paulo* que os partidos políticos do Brasil entrassem em acordo para adotar a mesma regra, mesmo porque, por lei, isso jamais seria conseguido. O *lobby* dos contrários seria muito mais forte do que o dos favoráveis a uma norma de transparência que impedisse a distribuição de sonhos irrealizáveis. A idéia não prosperou. Mas isso não impede que façamos uma grande campanha nas próximas eleições, preparando os eleitores para perguntar incessantemente e repetidas vezes aos candidatos "como" pretendem realizar o que prometem. Como? Como? Como?

Deixada à criatividade da juventude, tenho certeza de que uma campanha desse tipo ganhará contornos de modernidade e eficiência. Os jovens saberão preparar os *e-mails*, construir os *blogs*, desenhar as peças publicitárias e encontrar meios de entupir os canais de comunicação com essa pergunta tão impertinente para uns e tão essencial para a nação. Com isso, poderemos reduzir substancialmente o nível de demagogia que domina as campanhas eleitorais e levar o povo a cobrar mais os seus direitos. Já é hora de os eleitores pararem para pensar, sem medo de fazer valer a própria opinião.

Como se vê, a democracia dá trabalho, mas ainda é o melhor de todos os regimes políticos. O que não pode continuar é o clima de cinismo que domina grande parte de nossos governantes. Isso ficou patente na explosão dos grandes escândalos do "mensalão" e dos sanguessugas. Foi impressionante a valentia dos senhores parlamentares no recinto da Comissão de Ética da Câmara dos Deputados. Sua coragem subia de tom quando as sessões eram transmitidas pela televisão. Os deputados encenavam um verdadeiro show para dizer aos seus eleitores que estavam ali para cuidar da moralidade pública e para combater a corrupção.

Na comissão, o voto era e continua sendo aberto e pessoal. É o melhor ambiente para praticar o teatro. Quando os casos iam ao plenário, entretanto, inúmeras condenações da Comissão de Ética transformaram-se em deslavadas absolvições, nas quais os acusados ganharam plena alforria para disputar novas eleições. Muitos deles foram reeleitos em 2006.

Esse é o famoso jogo da enganação: moralidade na comissão e sigilo no plenário. Isso não combina com o princípio democrático, que se baseia na transparência de conduta dos parlamentares. Nesse caso, o voto secreto é um subterfúgio usado por medo de represálias. Tal sistema não pode continuar. Embora seja parte das normas atuais, não há cláusula pétrea nesse campo. Pode e precisa ser mudado. E com urgência. Do contrário, o eleitor continuará sendo enganado, ficando sem condições de usar a principal arma da democracia – o voto – contra os parlamentares que condenam na comissão e absolvem no plenário.

Um despretensioso decálogo

As campanhas eleitorais de 2004 e 2006 foram marcadas muito mais pelo noticiário policial do que pelas propostas programáticas. O Brasil viveu dois anos da mais avassaladora onda de desmoralização das instituições democráticas. É aí que mora o perigo.

Com tanta frustração e com tanta desilusão, o povo pode perder a fé na democracia, que, como vimos, encanta apenas 37% dos eleitores. Não podemos abrir mão das liberdades que conquistamos a duras penas e depois de uma longa caminhada. Penso que é hora de reafirmarmos nossa crença na democracia e exigir dos políticos o cumprimento dos princípios mais básicos desse regime, garantindo por suas ações as seguintes condições: 1) liberdade para agir, criar, inovar, comprar, vender e investir; 2) ausência total de qualquer tipo de censura; 3) obediência rigorosa ao critério de mérito nas indicações dos servidores públicos e nas compras do governo; 4) respeito absoluto à propriedade física e intelectual, assim como a religiões, credos, filosofias e filiação partidária; 5) acesso livre e imediato à Justiça, com decisões objetivas e expeditas; 6) livre escolha dos governantes, sem manipulação de vontades; 7) ausência de todo e qualquer tipo de perseguição; 8) eleições e campanhas limpas, sem interferência dos poderes constituídos; 9) transparência em todos os atos da ação pública; 10) garantia de igualdade de oportunidades, sem que sejam criadas discriminações, positivas ou negativas.

Penso que o Brasil só tem chance de se desenvolver e progredir se forem respeitados esses princípios. Cabe à Justiça zelar por eles e punir os que deles se afastam. Cabe ao Legislativo cunhar leis que respeitem tais princípios. E cabe ao Executivo realizar as ações dentro do quadro legal aprovado.

De toda e qualquer eleição saem perdedores e vencedores. Mas o Brasil tem de sair vitorioso em quaisquer circunstâncias. Para tanto, é fundamental fortalecermos os princípios básicos da democracia. Nossa tarefa, no momento, é agir para que se implantem os mecanismos que garantam esses princípios e, simultaneamente, reforçar nos currículos escolares o ensino e a prática dos valores democráticos. As crianças terão de chegar à juventude com esses valores bem consolidados para se transformarem em verdadeiros baluartes do regime de liberdade de que o Brasil tanto necessita.

A lição de Thomas Jefferson

Faço uma pausa neste capítulo para dar fôlego ao leitor e contar um pouco das histórias que costumo relatar com base em encontros fortuitos com velhos companheiros de escola. Repito aqui o relato que fiz de um desses encontros por ocasião do velório de um amigo comum.

Lá estavam a Joaninha, colega de ginásio, e Matias, velho amigo e fazendeiro do interior de São Paulo. A conversa entre os dois corria solta e com ares de consternação. Pensei que era em respeito ao falecido. Que nada, o tema era outro: política. Peguei o bonde quando Joaninha dizia: "Jamais pensei que o partido que foi o baluarte da campanha da 'ética na política' viesse receber numerários de empresas que ele mesmo ajudou a combater".

"Eu também me choquei", acrescentou Matias. "Afinal, é o partido cuja filosofia se dizia baseada na moralidade – embora, confesso, eu jamais tenha caído nessa conversa. Sempre desconfiei de gente que vive sem trabalhar... Você não achou estranho o fato de aquele partido, no meio da apuração das denúncias de corrupção, ter desistido de levar até o fim a CPI das empreiteiras?"

"Foi tamanha a propaganda em favor da ética durante a campanha que eu havia me esquecido disso", falou a Joaninha. "Aliás, a minha irmã, tonta de leste a oeste, votou num desses que dizia ser patrono do tal clube da moralidade. Deu-se mal. O homem foi eleito deputado, nada fez e foi pego em flagrante desviando dinheiro público. Agora, a Chiquinha está arrependida até o dedão do pé."

"Isso aconteceu com muita gente de minha família", retrucou Matias.

"Como professora, eu passei a vida inteira reprisando para os meus alunos a famosa frase de Thomas Jefferson, que dizia: 'A arte de governar consiste na arte de ser honesto'. Repeti isso durante quarenta anos por estar convicta de que os princípios que regem a conduta na vida pública são os mesmos que presidem a conduta na vida privada."

"Eu sou de um outro tempo", provocou o Matias. "Cresci dentro da cultura do 'rouba mas faz'... Nunca me conformei com isso. Mas foi a única coisa que ouvi na minha juventude."

"Eu também vivi esse mundo", ponderou a Joaninha. "Mas, ainda assim, sempre insisti com meus alunos que a ética na política tem de começar com a ética na família, no trabalho, no estudo e, sobretudo, nos partidos. Ninguém pode ter autoridade para pleitear a moral no mundo político se não conseguir estabelecer a moralidade na própria vida."

Foi nesse ponto que os dois se viraram para mim e perguntaram à queima-roupa: "E você, só ouve? Perdeu a língua?".

Não era minha vontade continuar calado. Mesmo porque estava compartilhando inteiramente da indignação presente. Mas procurei manter o meu crônico otimismo. Ponderei que a democracia é um processo lento, baseado em longas cadeias de erros e acertos, sendo a descoberta dos erros tão importante quanto os resultados dos acertos. Essa transparência, que ficou escancarada nos últimos anos, é crucial para o progresso democrático. A cura da corrupção é como a cura da tuberculose: depende de ambientes abertos e de muito ar puro.

Os dois me chamaram de romântico, convidando-me a engrossar o coro das orações do velório e sugerindo ainda que rezasse também pela classe política, que, na opinião da Joaninha, estava precisando muito mais das nossas preces do que o santo amigo Luciano, que ali se despedia para subir ao céu.

Violência nas salas de aula

Em outra ocasião, enviei à Joaninha um exemplar do jornal *Correio Braziliense*, que trazia na primeira página a seguinte manchete: "O crime invade as escolas". Ela me telefonou em seguida. A desconstrução dos valores educacionais, para ela, é muito mais grave do que o desmantelamento da moral partidária.

De fato, o quadro da indisciplina escolar é de verdadeiro terror. A violência pulou o muro das escolas: está nos pátios, nos banheiros e nas salas de aula. Cerca de 56% das escolas brasileiras são vítimas de vandalismo, roubo e agressões. Garotos de 15 e 16 anos são encontrados com revólveres no bolso e balas na mochila. Drogas, brigas e assaltos se repetem a cada dia. A polícia não dá conta de manter a ordem do lado de fora, e os professores não sabem o que fazer do lado de dentro das escolas.

Bem disse um diretor de escola de Brasília: "A escola só reflete o que acontece na sociedade". Essa foi também a reação da Joaninha. Desolada com o verdadeiro desmonte da ética e da boa conduta na maioria das escolas, apontou um punhado de maus exemplos a que são submetidos os jovens de hoje.

Na política, disse ela, o roubo e o estelionato são classificados como falta de decoro parlamentar. Nos partidos, dinheiro de caixa dois vira recurso não contabilizado. Na Justiça, códigos ultrapassados garantem a soltura de quem assalta os cofres públicos. Na polícia, vê-se a prática de greves armadas, contrariando a Constituição. "Ora, num clima como esse o que se pode esperar da juventude?", indagou a velha amiga.

De fato, vivemos terríveis inversões de valores – o que é sintetizado pela dilaceração moral que marca o tom dos programas de televisão, o enaltecimento da criminalidade estampado na maioria dos nossos jornais e o festival de insultos que é encenado por homens públicos que deveriam respeitar o eleitor para ajudar a educá-lo.

Será que isso é modernidade? "Se for", disse a Joaninha, "quero viver os dias 'retrógrados' de minha juventude, quando se cuidava das crianças com carinho, quando a educação era esmerada, quando o respeito presidia o relacionamento entre as pessoas, quando se podia andar tranqüilo pelas ruas limpas das cidades brasileiras."

É claro que a construção de um regime democrático exige a aceitação de protestos e de manifestações. Mas a liberdade sem ordem é tão perigosa quanto a ordem sem liberdade. É necessário sairmos dessa quadra difícil. O Brasil está precisando de um banho de seriedade, ditado pela boa Justiça, para, com isso, chegar à verdadeira liberdade, em que cada um é responsabilizado, premiado e punido por aquilo que faz. Isso é trabalho para muitos anos, mas é preciso começar já. Democracia, sim, anarquia, não!

Instituições e desenvolvimento

As instituições são a garantia do futuro. As pessoas podem prever o comportamento de seus semelhantes no dia de amanhã com base nas regras das instituições sociais. Isso vale para as condutas do dia-a-dia assim como para as decisões de investir em determinado país.

Infelizmente, os últimos anos têm sido marcados por uma grande insegurança no campo das instituições que guiam os investimentos, dentre elas o desrespeito à propriedade privada. O Brasil virou o país das invasões, sem nenhuma conseqüência para quem invade o patrimônio, à luz dos devastadores prejuízos para quem é invadido.

O desrespeito à propriedade passou dos limites da tolerância. A atitude de alguns membros do governo de instigar ações judiciais contra contratos sacramentados e o conluio de certos parlamentares com corporações conhecidas prestam um incalculável desserviço à Nação. Isso massacra a credibilidade. Será que sobram muitos investidores dispostos a colocar seu dinheiro em um país onde não se respeita a ordem jurídica? Penso que não.

Entretanto, o Brasil precisa desesperadamente de recursos (nacionais e internacionais) para construir sua infra-estrutura e com isso crescer e gerar empregos. Não gostaria de pensar assim, mas o desrespeito à propriedade é um desastre. Quanto tempo vamos levar para reconquistar a credibilidade daqueles que já estavam confiando desconfiando?

O desrespeito tornou-se escandaloso quando centros de pesquisa de empresas privadas foram invadidos por verdadeiros vândalos que não têm a menor noção do valor de décadas de estudos. Não menos graves são as invasões de propriedades produtivas e a destruição dos insumos com os quais as empresas contam para poder produzir – como o caso de eucaliptos em fábricas de papel e celulose. Igualmente graves são as invasões de prédios públicos, sem que o governo e a Justiça ajam com a devida presteza para manter a ordem.

Condutas desse tipo são atemorizantes, e a inércia das autoridades é apavorante. Não foram poucas as vezes em que as autoridades fizeram vistas grossas a agressões graves contra a propriedade, ignorando que nossa Constituição, assim como várias leis e instituições jurídicas, assegura esse direito e requere respeito total, estando os detratores sujeitos a graves penas. Não é com vistas grossas que se vai estimular novos projetos produtivos.

As instituições do trabalho

Até aqui, tratei das instituições que regulam – ou deveriam regular – a conduta dos governantes e dos governados. Concentro-me aqui nas instituições que devem regular a vida do trabalho, mesmo porque uma população bem empregada e bem remunerada, e que trabalha em harmonia com os investidores, constitui a base mais sólida da construção de uma democracia duradoura.

Os últimos anos foram marcados por más notícias no campo do trabalho. A taxa de desemprego se manteve alta (ao redor de 10%) e a informalidade chegou a níveis escandalosos (quase 60%). Não há dúvida. A maior parte das famílias brasileiras tem algum tipo de problema no campo do trabalho, indo do desemprego total à precariedade do trabalho informal e passando pelas dificuldades dos jovens de conseguir uma oportunidade para ingressar ou reingressar no mercado de trabalho.

O Ministério da Previdência afirma que mais de 50% dos brasileiros que trabalham não têm vínculo previdenciário, portanto estão na informalidade. É um número espantoso: mais de 45 milhões de pessoas estão totalmente desprotegidas. Se somarmos esses 50% aos números do desemprego (que atingiu 10% em 2006), verificaremos que mais de 60% dos brasileiros que constituem a população economicamente ativa têm problemas no campo de trabalho – com sérios desdobramentos na vida social. E há estimativas que ultrapassam esse nível.

A geração de empregos depende de inúmeros fatores, dentre eles a confiança dos investidores para iniciar novos projetos produtivos. Nesta empreitada, o lado institucional não pode ser esquecido. O Brasil possui um indecifrável cipoal de leis trabalhistas e previdenciárias que assusta os micro e pequenos empresários. Além disso, esse cipoal gera altas despesas de contratação, que ultrapassam 100% do salário pago pelo empregador. Somadas à grande burocracia exigida para a contratação, tais despesas tornam o emprego formal quase inviável para aqueles empresários e um verdadeiro luxo para os trabalhadores.

Para as médias e grandes empresas, o problema é contornável com o apoio de imensos departamentos de pessoal e advogados que, no conjunto, se transformam em pesados custos na equação de produção. Além disso, e mais importante do que as despesas de contratação, tais empresas enfrentam uma terrível insegurança jurídica. Quantas e quantas vezes os acordos e convenções firmados entre empregados e empregadores, com a devida participação dos sindicatos, são anulados por sentenças judiciais! Não raro, essa anulação vem depois de vários anos de implementação daqueles instrumentos, o que produz um passivo trabalhista de grande monta e difícil enfrentamento.

As instituições do trabalho no Brasil tornaram o relacionamento entre empregados e empregadores muito conflituoso. Isso decorre, em grande parte, da rigidez excessiva das leis trabalhistas. Na verdade, as partes têm liberdade de negociar apenas dois direitos no campo do trabalho: o salário e a participação nos lucros e resultados. Todo o resto está fixado em leis ordinárias e na Constituição Federal. Esses marcos jurídicos não admitem negociação de outros direitos, mesmo que as partes assim o desejem. Muitas vezes, elas acham útil fazer trocas não previstas no quadro legal, mas isso é impedido pela própria lei.

Ora, o mundo do trabalho está passando por uma grande revolução. As novas formas de trabalhar aumentam a cada dia, o que instiga as partes a buscarem trocas inteligentes e de utilidade mútua. Mas as leis brasileiras não permitem o exercício da criatividade das partes. Para a Consolidação das Leis do Trabalho (CLT), a única forma de relacionamento entre trabalhador e empresa se baseia na relação de subordinação que marca o emprego por prazo indeterminado.

Entretanto, o mercado de trabalho moderno pratica muitas outras formas de trabalho – em tempo parcial, por projeto, terceirizado, cooperado –, que não são contempladas por dispositivos jurídicos expeditos e que permitem a livre negociação. Por isso, qualquer "inovação" por parte de empregados e empregadores está sujeita a uma anulação pela Justiça do Trabalho.

A insegurança jurídica no campo do trabalho não se resume às decisões da Justiça. O próprio sistema de cunhagem de leis gera riscos incalculáveis e de difícil administração por parte das empresas, com sérios prejuízos para o setor de empregos. Há alguns anos, foi aprovada e entrou em vigor uma lei (Lei Complementar 110, de 2001) que exigiu o pagamento retroativo de uma parcela do Fundo de Garantia do Tempo de Serviço (FGTS), o que causou às empresas uma enorme despesa inesperada e não planejada: a alíquota da contribuição mensal do FGTS subiu de 8% para 8,5%, e a indenização de dispensa saltou de 40% para 50%.

O Brasil possui leis estranhas. Essa, por exemplo, rege o passado. Ao saber dessa lei, um empresário estrangeiro, radicado no Brasil há muitos anos, me disse jocosamente que, "no Brasil, até o passado é imprevisível".

Complicações desse tipo criam insegurança, geram despesas e dificultam a contratação formal e a criação de empregos de modo geral. O grande prejudicado, como sempre, é o trabalhador, que depende do emprego para tocar sua vida e educar seus filhos.

Há várias décadas, a sociedade brasileira demanda uma profunda modernização das instituições do campo do trabalho. Sai governo, entra governo, e tudo fica do mesmo jeito – se não pior.

Nas últimas campanhas eleitorais, fiquei à espera de propostas de mudanças nos campos trabalhista e previdenciário que pudessem dar um alento e estimular novas formas de contratação para utilizar adequadamente os talentos e as características dos trabalhadores brasileiros dentro das novas condições de trabalho trazidas pela globalização e pela revolução tecnológica – sem onerar em demasia quem os contrata e sem transformar a contratação em uma bomba-relógio, que pode explodir a qualquer momento por ação da Justiça do Trabalho. Nada foi proposto nesse campo.

Foi estranho ver que os candidatos se mantiveram mudos sobre esse assunto. Eles teriam de se pronunciar, sem demagogia e com o máximo de realismo. Afinal, a questão do emprego é séria e precisa ser atacada em várias frentes, em especial a institucional.

A Previdência Social

Em 1996, a revista *The Economist* publicou um interessante ensaio sobre os idosos. Dizia que, em vista dos gastos gerados pelas pessoas da terceira idade, envelhecer estava se tornando um verdadeiro luxo no mundo atual ("The Economics of Ageing"). Decorrida uma década, verifica-se que o problema se agravou, pois até os países em desenvolvimento passaram a testemunhar o envelhecimento acelerado de sua população, com sérios impactos nos sistemas de aposentadoria.

Na maior parte dos países desenvolvidos, quando as pessoas se aposentam aos 65 anos ainda vivem muitos anos mais. As despesas com aposentadoria e pensões aumentam a cada dia, sem uma contrapartida de receitas que permita equilibrar o sistema. Isso será ainda mais grave no futuro. A expectativa de vida está subindo de maneira vertiginosa. No Japão ela já ultrapassou a casa dos 80 anos. Na época da queda da Bastilha (1789), só 7,5% da população da França tinha mais de 60 anos. Em 1990, esse grupo passou para 19% e, no ano 2030, será de 30%.

O fato concreto é que todos querem viver muito, mas a realidade mostra que envelhecer com saúde custa caro. Na Europa as despesas de saúde com os grupos mais velhos absorvem 34% do gasto total desse setor. No ano 2015, passarão para 41% (André Cezar Medici, *A Saúde e o Custo de Envelhecer*, Rio de Janeiro: Ipea, 1997). No campo da aposentadoria dar-se-á o mesmo.

Nos países em desenvolvimento, apesar de algumas diferenças de escala, os fenômenos são semelhantes. No Brasil, o percentual de pessoas com mais de 60 anos dobrará no ano 2030, ultrapassando a casa dos 15%, o que significa um substancial aumento das despesas com saúde e aposentadoria. Mas o nosso caso é mais grave porque as despesas com a Previdência Social já são enormes neste momento, enquanto a população ainda é jovem. O Brasil ocupa a 14ª posição entre os países que mais gastam no mundo em proporção do PIB. Incluindo-se os sistemas públicos e privado, estamos gastando mais de 12% do PIB com Previdência Social. A Itália, que é campeã nesse quesito, gasta cerca de 18% do PIB, mas sua população já é velha no presente. Para fazer comparações com países de estrutura demográfica semelhante, vemos que, enquanto o Brasil gasta mais de 12% do PIB, o Chile gasta 3%, a Argentina, 6% e o

México, 8%. O Ministério da Previdência Social estima que, na ausência de uma boa reforma, o déficit na Previdência Social será explosivo dentro de sete ou oito anos.

Nos países desenvolvidos, as alternativas mais conhecidas para sustentar os mais velhos são: aumentar as contribuições dos mais jovens, cortar os benefícios dos idosos ou combinar as duas estratégias.

No Brasil, as contribuições previdenciárias já são muito altas quando se considera o nosso nível de desenvolvimento. Sobre a folha de salários, as empresas recolhem 22% ao INSS (inclusive seguros-acidentes) e os trabalhadores pagam, em média, 10% de seus salários. Ou seja, quase um terço da remuneração salarial é destinada aos cofres da Previdência Social.

Ocorre, porém, que o INSS arrecada esses percentuais em apenas 50% da força de trabalho. Os demais vivem na informalidade e nada pagam, embora, pela Constituição Federal, gozem de plenos direitos de usar o SUS nos casos de doença e acidente e o INSS para receber verbas assistenciais. Além disso, a Previdência Social brasileira – pública e privada – gasta muito com poucos, e pouco com muitos. A injustiça social e o número de aposentados de pouca idade são enormes.

Isso significa que, antes de usar os remédios tradicionais acima indicados, o Brasil tem um amplo espaço para corrigir distorções do mercado formal e ampliar a arrecadação previdenciária junto ao nosso gigantesco mercado informal.

Obviamente, esse problema não se resolve apenas com melhorias da fiscalização nem com truques contábeis, passando as despesas de assistência social para o Tesouro Nacional, como anunciou o governo no início de 2007. É essencial pensar também em uma reforma das instituições previdenciárias, a começar pela redução das alíquotas atuais para quem contribui, mudanças nas leis trabalhistas para estimular a formalidade e correção das injustiças que permitem a alguns grupos privilegiados receber aposentadorias e pensões bem superiores às da maioria dos trabalhadores. Os problemas da Previdência Social rebatem no crescimento econômico, que, como se sabe, tem sido pífio. O Brasil está ficando um gigante nanico. O Estado perde a sua capacidade de investir quando os gastos com Previdência Social geram déficits expressivos. Hoje, cerca de dois terços do orçamento federal são para pagar as aposentadorias e pensões dos sistemas público e privado.

Um importante trabalho nesse campo foi publicado no início de 2007. Trata-se do livro de Fábio Giambiagi, *Reforma da Previdência: o Encontro Marcado* (Rio de Janeiro: Campus, 2006). Aprendi muito com ele. Ali estão estampados os remédios para curar a doença porque, afinal, as causas são conhecidas. Vários deles são remédios amargos, que impõem sacrifícios nos dias de hoje para garantir dias melhores amanhã.

Giambiagi defende que o tratamento deve ser ministrado de forma gradual e contínua, ao longo de muito tempo. Os resultados virão daqui a quinze ou vinte anos. Se o tratamento tivesse sido administrado em 1990, já estaríamos com os principais problemas resolvidos. Dentre as suas principais propostas, destaco:

1. Mudar a Constituição Federal para assegurar que os valores dos benefícios e das pensões sejam reajustados anualmente por um índice de inflação, mas nunca acima dele, porque não há dinheiro para pagar essa conta. Não se trata de diminuir ou aumentar valores, mas, sim, de preservar o seu poder de compra.
2. Adotar a idade mínima para aposentadoria por tempo de serviço de 60 anos para homens e 55 para mulheres em 2010 e elevar essa idade gradativamente até 64 anos para homens e 62 para mulheres em 2026. Apenas cinco países não fixaram uma idade mínima: Nigéria, Argélia, Turquia, Egito e Eslováquia.

Nos Estados Unidos e na Noruega, a idade mínima já chegou a 67 anos.

3. Fixar em quarenta anos o tempo mínimo de contribuição para todos os trabalhadores que ingressarem no sistema previdenciário.
4. Reduzir gradualmente a diferença de tempo entre homens e mulheres para fins de aposentadoria (hoje são cinco anos a menos para mulheres).
5. Terminar, até 2010, com o regime especial dos professores, que hoje se aposentam cinco anos mais cedo.
6. Eliminar, até 2022, o regime especial dos benefícios rurais.

O caro leitor deve estar incomodado. De fato, há muitos argumentos contra essas medidas. Giambiagi responde um a um e deixa claro que o Brasil não terá futuro se permanecer com o crescente déficit público, cuja principal causa é o desequilíbrio na Previdência.

As instituições previdenciárias precisam passar por uma urgente remodelação. Isso depende da liderança firme do governo para explicar à nação a importância dessa reforma. Esta é a hora da verdade. Boas intenções e oferta de benesses são justificáveis só quando se têm recursos para pagá-las. Do contrário, são promessas feitas ao vento.

A patologia da informalidade

A informalidade não atinge apenas os contratantes e os contratados no mundo do trabalho. Ela atinge as próprias empresas. Segundo dados revelados pelo IBGE em 2006, a quantidade de empresas que operam na informalidade é fenomenal. E o seu significado econômico não tem nada de desprezível. O setor informal produz riquezas equivalentes a um PIB de 248 bilhões de reais por ano.

Esse número assustador é considerado conservador. O Banco Mundial estima que a parcela informal da economia brasileira chegue a 39,8%, o que daria, em 2006, um montante superior a 500 bilhões de reais, o dobro da estimativa do IBGE.

Diferenças de metodologia respondem pela distância entre os dois valores. De qualquer forma, a parte da sociedade brasileira que vive na sombra é enorme.

No Brasil, há dois tipos de informalidade: o das empresas e o do trabalho. Para cerca de 5 milhões de empresas formais (registradas na Secretaria da Receita Federal), há mais de 10 milhões de produtores não registrados, que operam na ilegalidade. Para cerca de 35 milhões de trabalhadores do mercado formal, há em torno de 45 milhões no informal, incluindo empregados e quem trabalha por conta própria.

Entre as empresas formais, é freqüente a prática do "sem nota", que constitui um terceiro tipo de informalidade, não menos grave do que os tipos anteriores. É aqui que ocorre o grosso da sonegação fiscal e, como conseqüência, as forças que levam o governo a aumentar cada vez mais a carga tributária.

São números fantásticos, que determinam problemas de alta gravidade não só para o erário público, como também para o país como um todo, que vê seu tecido social dilacerar-se pela criminalidade e violência que crescem a cada dia.

É impressionante a lista de produtos que são comercializados a céu aberto e fora da lei. Só no primeiro semestre de 2006, foram apreendidas mercadorias pirateadas que somaram a fantástica importância de 377 milhões de reais.

O que dizer das não apreendidas? Devem ter sido muito mais! É um absurdo verificar que, no mundo subterrâneo da informalidade, são comercializados mais de 60 milhões de maços de cigarros. No campo dos CDs e DVDs, são vendidos cerca de 23 milhões de unidades não gravadas e 2,2 milhões gravadas. Nesse mesmo lote foram encontrados mais de 6,5 milhões de eletrodomésticos e quase 1 milhão de relógios.

Os especialistas consultados a respeito são unânimes. A informalidade decorre da conjugação de três fatores perversos: o excesso de tributos, a burocracia galopante e a fragilidade das instituições de controle.

Está aí um dos maiores desafios para os governantes, desde o presidente da República até o deputado estadual e o vereador municipal, passando pelos governadores, prefeitos, senadores e deputados federais. A eles compete a tarefa de desenrolar o Brasil.

A saída da crise

Que as instituições brasileiras estão em crise, todos sabem. Que junto com ela há uma crise moral, ninguém duvida. Todos sabem também o que fazer nesse campo: modernizar as instituições que não funcionam mais e usar com rigor as que ainda funcionam, em especial a Justiça, apurando os fatos, identificando os responsáveis e punindo-os na forma da lei.

O que não cabe, neste momento, é pôr mais lenha na fogueira, como, por exemplo, incitar a luta de classes. A saída da crise depende da manutenção de um clima de união nacional. Depende ainda da preservação dos valores centrais da nossa sociedade. As famílias não podem se desagregar só porque alguns políticos demonstraram não ter ética. Os jovens não podem se entregar à pilhagem porque alguns mandatários foram flagrados saqueando os cofres públicos. Os produtores e os trabalhadores não podem parar suas atividades porque viram seus impostos ser carregados por governantes inescrupulosos.

A saída da crise depende do fortalecimento desses valores e das nossas instituições democráticas. O Brasil não pode ser confundido com seus governantes. Vivemos em uma terra maravilhosa, que foi regiamente contemplada por Deus em matéria de recursos naturais e tolerância do povo. Em qualquer outro país da América Latina, os desmandos constatados no Brasil teriam detonado uma convulsão social. Os brasileiros são diferentes. Possuem uma paciência infinita e um espírito de resignação invejável.

Precisamos capitalizar esses traços da personalidade nacional e não abrir guerras de uns contra os outros. O momento exige a utilização da crise institucional como alavanca de mudança – como fazem os chineses. Para tanto, nada melhor do que ultimar o que precisa ser feito para o Brasil crescer mais depressa, gerar mais empregos e garantir o progresso das pessoas.

Mais especificamente, esta é a hora de os integrantes dos Poderes da República fazerem um esforço extra para aprovar os projetos de urgência e que já estão em pauta, tais como: 1) cortar os gastos supérfluos do governo; 2) utilizar as economias para aumentar os investimentos públicos, em especial em infra-estrutura; 3) reduzir os juros reais a patamares civilizados de 5% ou 6%; 4) promover de uma vez por todas a reforma tributária, sobre a qual tanto se falou e pouco se fez; 5) enfrentar com coragem a modernização das leis trabalhistas e previdenciárias, para simplificar a burocracia, reduzir as despesas de contratação e racionalizar a aposentadoria; 6) modernizar a Justiça e o sistema eleitoral; 7) consolidar o respeito aos valores básicos da nossa sociedade, a começar pela família e pela escola.

Muitos argumentarão que, se essas mudanças não saíram em tempos de paz, jamais sairão em tempos de crise. Penso diferente. A nação adquiriu mais direitos para exigir dos dirigentes um esforço extra a fim de cumprirem o seu dever principal e demonstrarem, claramente, que foram eleitos para servir a causa pública, e não se servir da coisa pública. Vejam o enorme amadurecimento de consciência que se deu nos campos da preservação da natureza e respeito ao consumidor. Esse aprendizado é de grande utilidade. Ele pode ser transferido para o campo da demanda de condutas mais firmes dos governantes no respeito às instituições. São forças preciosas que não podemos desperdiçar. É questão de reorientá-las.

6

A modernização da Justiça

Uma das instituições mais centrais para o regime democrático é a Justiça. Desvios de comportamento sempre existem, em todas as áreas. Os tribunais estão permanentemente de plantão para corrigir esses desvios e, com isso, sinalizar para o restante da sociedade que eles não serão tolerados.

A correção dos desvios de comportamentos é de grande importância para o próprio crescimento da economia dos países. Os investimentos procuram segurança jurídica. Sem ela, eles fogem e se dirigem a outras nações.

Não sendo especialista na matéria, procurarei tratar da questão da Justiça ao longo deste capítulo com a visão de quem espera a segurança como cidadão e como produtor. Apresentarei alguns casos para indicar a longa caminhada que ainda resta percorrer nesse campo no caso do Brasil.

A "evolução" do crime

No meu tempo de menino, o ladrão mais notável foi Gino Meneghetti – provavelmente, desconhecido da maioria de meus leitores. Era italiano. Veio para o Brasil em 1913, radicando-se em São Paulo. Morreu em 1976, com 97 anos.

Começou sua "carreira" na Itália, muito cedo. Aos 8 anos, inconformado com os colegas de escola que levavam lanche melhor do que o dele, começou a roubar frutas das quitandas do bairro. Quando chegou ao Brasil, com 35 anos, já era profissional. Mas tinha uma peculiaridade: roubava dinheiro e jóias dos ricos para, segundo a lenda, distribuir aos pobres – o que fez dele um bandido simpático.

Meneghetti tinha um lema na vida: nunca matar, nunca atacar uma moça e nunca roubar um trabalhador. Distinguiu-se por suas fugas cinematográficas. Tinha uma incrível agilidade para andar nos telhados e uma espetacular capacidade para escapar dos presídios. As fugas foram incontáveis. Não havia autoridade que fosse capaz de mantê-lo encarcerado por muito tempo.

Certa vez, para capturá-lo, a polícia apoderou-se de seus dois filhos menores (Luís e Antônio). Foi um jogo bruto. Um verdadeiro seqüestro. Meneghetti ficou enfurecido. Entregou-se imediatamente, mas exigiu uma rápida visita aos garotos para comprovar que estavam bem e junto da mãe. Durante a visita, escapuliu espetacularmente pelo telhado da casa, saltou muros, invadiu quintais e só foi aprisionado pelos 200 policiais que cercavam a residência depois de oito horas de duro trabalho.

Pelo desacato às autoridades, ficou dezoito anos na Casa de Detenção. Ganhou a liberdade em 1966, quando recebeu do prefeito Faria Lima uma banca de jornais, que funcionava 24 horas por dia na esquina das Avenidas Rio Branco e Ipiranga. Meneghetti recomendava enfaticamente ao funcionário da noite que ficasse de olho nos transeuntes porque, nas redondezas, havia muito ladrão de jornal...

Crise de moralidade

Quando comparo aquele mundo com o atual, fico estarrecido. Os furtos são de outro porte. Furtar caixas eletrônicos dos bancos, carregando-os em caminhões, virou tarefa de iniciantes. Desafio maior é o que foi realizado por uma quadrilha que, em plena luz do dia, e em frente ao Detran de São Paulo, há alguns anos, roubou num só lance uma retroescavadeira, uma carregadeira, um compressor, uma placa vibratória, seis cilindros de oxigênio e três de acetileno! E, por razão de comodidade, os ladrões saíram dirigindo a retroescavadeira, displicentemente, deixando marcas fundas no asfalto da rua.

Mais ousados foram os que, há poucos anos, roubaram o avião da antiga Vasp em pleno vôo, nos céus do Paraná. Há ainda os que furtaram uma turbina de um avião, da mesma empresa, colocando-a à venda num ferro velho de São Paulo. Sofisticadíssimos são os que roubam sem sair de casa, pela internet, surrupiando cartões de crédito de consumidores incautos.

Mais atrevidos, porém, são os políticos que facilitaram a venda de precatórios sem lastro. E ninguém foi para a Casa de Detenção. Depois disso, vieram os crimes do "mensalão", dos sanguessugas, dos dólares na cueca e, ao que me consta, ninguém devolveu um tostão do que furtou. Isso, sem falar de um juiz que assaltou o tribunal onde trabalhava, só que, em lugar de fugir pelos telhados, pegou um avião a jato e sumiu do mapa, nas barbas das autoridades, desafiando a força pública, a polícia federal e o Exército. Ah! Que diferença do tempo dos roubos do Meneghetti...

Esses fatos seriam cômicos se não fossem trágicos para a formação da nossa juventude. Aprendemos com nossos pais que os exemplos vêm de cima. E bons pais são os que dão bons exemplos, assim como bons políticos são aqueles que exercem seus mandatos com retidão. Infelizmente, a nossa juventude está sendo criada em um ambiente perverso, que desculpa os "pequenos" crimes, onde as instituições são incapazes de punir os grandes delitos para que os jovens se convençam de que o crime não compensa.

Isso é péssimo. Todos sabem que a Justiça é o esteio da democracia. Na divisão de poderes do sistema democrático, ficou para os tribunais a tarefa de guardiões da lei e da ordem. É isso que dá previsibilidade às pessoas e às demais instituições. Uma das piores sensações do ser humano é achar que o juiz é parcial e que o tribunal é manipulado. E muita gente sente isso no Brasil de hoje. A insegurança gerada por essa situação abala o equilíbrio psicológico de cada um e o próprio regime democrático.

Temos muito que caminhar nessa estrada. A sociedade brasileira vive uma crise de moralidade que decorre de um grande desgaste de suas instituições sociais e que acabou atingindo os tribunais e seus integrantes, com honrosas exceções.

Mais uma vez reitero aqui a minha condição de leigo nessa matéria, reafirmando, porém, o meu inconformismo como cidadão em face da precária situação do nosso quadro legal e dos procedimentos judiciais.

Penso que o Brasil tem leis demais e, ao mesmo tempo, poucas leis de boa qualidade, aquelas que promovem um bom equilíbrio entre partes que têm interesses divergentes. Fico estarrecido com o excesso de garantias e a escassez de deveres da maioria das nossas leis. Li no livro de Roberto Campos *A Lanterna na Popa* (Rio de Janeiro: Topbooks, 2002) uma observação interessante que sintetiza esse desconforto. Na Carta Magna, a palavra "direito" aparece 76 vezes e a palavra "deveres", apenas quatro vezes.

O desequilíbrio entre direitos e deveres

Não é preciso ser filósofo do Direito para saber que a boa lei é aquela que propugna um bom equilíbrio entre direitos e deveres. A falta de equilíbrio entre direitos e deveres provoca um vácuo no mundo das expectativas e das responsabilidades. Quando isso ocorre, todos demandam os seus direitos, mas ninguém quer ter deveres. É o que está sendo ensinado a nossas crianças e adolescentes. Narro aqui um episódio, dentre milhares, que ilustra bem a deformação que decorre desse desequilíbrio.

Em 2006 tive a alegria de encenar a terceira peça de teatro que escrevi nas minhas horas de folga: *Acorda Brasil!* Permitam-me fazer um parêntese para explicar minha condição de escritor amador.

No programa da primeira peça que me atrevi a escrever – *Brasil S/A* – procurei responder a uma pergunta que todos faziam: o que deu na cabeça do Antônio Ermírio para escrever uma peça de teatro?

Era o ano de 1996. A pergunta era intrigante até para mim. Quanto mais assistia aos ensaios, mais eu compreendia a dificuldade em que havia me metido. A arte da dramaturgia é difícil para quem a pratica a vida inteira. O que dirá para um amador que só contava com uma enorme vontade de colocar em linguagem de teatro as mensagens que julgava adequadas para serem discutidas no Brasil?

Em vários momentos tive vontade de adiar a estréia por não encontrar solução satisfatória para inúmeras inconsistências que persistiam na obra. Afinal, não sou dramaturgo. Sou um mero engenheiro que foi treinado nas técnicas de elaboração e execução de projetos industriais – e não artísticos.

Escrevi *Brasil S/A* com o intuito de aproveitar a linguagem emocional do teatro e, com base nela, debater alguns problemas nacionais que estavam impedindo o desenvolvimento deste grande país. Durante muito tempo expressei minha revolta em artigos e entrevistas de jornais, em debates na televisão, audiências no Congresso Nacional, sugestões diretas ao Poder Executivo e tantas outras atividades públicas, mas estava insatisfeito com a pouca materialização das propostas.

Em 1986 candidatei-me a governador pelo estado de São Paulo. Achava que uma ação decisiva no ambiente da política poderia orientar o governo para aquilo que gera riqueza, emprego e impostos simultaneamente.

Durante a aguerrida batalha eleitoral, notei que as campanhas políticas têm muito de teatro. E aqui começo a responder àquela pergunta. Ficou claro para mim que o sucesso eleitoral depende basicamente da manipulação das emoções dos eleitores. Mais importante do que o programa de governo é a interpretação do candidato. Quando mente, tem de fazê-lo com convicção, a ponto de levar o eleitor a alimentar suas esperanças em dias melhores.

Saindo da campanha sem o resultado esperado, vi na linguagem teatral uma oportunidade de falar tudo o que sentia de maneira mais forte e de modo penetrante, mexendo com os sentimentos de cada espectador. Foi uma tentativa de usar a emoção para chegar à razão.

A peça foi assistida por mais de 71 mil pessoas. As mensagens foram passadas de modo direto e carregadas de emoção. O tema central focalizava as escorchantes taxas de juros que levam muitas empresas à falência, com a destruição dos empregos e o conseqüente entrave do desenvolvimento do Brasil.

De modo geral, as pessoas se emocionaram bastante. Fiquei satisfeito. Mas os críticos foram ácidos, com raras exceções. A maioria não aceitou a intrusão de um forasteiro no templo da dramaturgia.

Francamente, as críticas me ajudaram, pois muitas delas apontaram os defeitos a serem corrigidos em futuras aventuras. De fato, sentia necessidade de tratar de outro problema – o da saúde. O sofrimento do povo brasileiro nas portas dos hospitais públicos era por todos reconhecido. Até hoje, idosos, grávidas e crianças enfrentam o frio das madrugadas para ficar na fila dos ambulatórios e ali receber a atenção de cinco minutos de um médico superocupado e uma receita repleta de remédios que não podem comprar. Impostos e contribuições foram criados com o fim específico de melhorar a saúde, sem nenhum resultado de expressão. Na verdade, o quadro piorou. É revoltante. Mais uma vez entendi que o assunto precisava ser debatido com a força da linguagem teatral. Assim nasceu a idéia da segunda aventura – *S.O.S. Brasil*.

A peça se baseou nas observações que fiz ao longo de cinqüenta anos de trabalho em hospitais que atendiam basicamente os pobres. *S.O.S. Brasil* foi uma crítica aos serviços públicos de saúde, tendo sido bem aceita pelo público e vista por cerca de 100 mil pessoas em várias cidades do Brasil.

Passei então a trabalhar na terceira peça, desta vez sobre educação: *Acorda Brasil!* foi uma proposta para melhorar o ensino com base no bom professor, no bom diretor e com a ajuda da comunidade. Relatei a experiência bem-sucedida da formação da Orquestra Sinfônica na Favela de Heliópolis. Contei, mais uma vez, com a participação de um belo elenco profissional, ajudado por adolescentes da própria sinfônica.

Das três peças, *Acorda Brasil!* foi a que mexeu mais com o público. As pessoas choravam e riam com intensidade e saíam do teatro com a esperança de que, administrando bem os recursos da educação, este país dá certo. A peça ficou em cartaz por quatro meses, só em São Paulo, e foi vista por 26 mil pessoas.

O público-alvo foi a juventude. Fazíamos promoções para trazer ao teatro jovens de todas as classes sociais. Queria incutir-lhes a importância da boa conduta, da ética, da moral e do amor ao trabalho. Assim foi feito.

Aqui chego ao ponto com que iniciei esta seção. Em uma das apresentações – felizmente foi só uma –, tivemos a presença de um grupo de adolescentes que entraram no teatro alcoolizados e drogados. No meio do espetáculo começaram a falar alto, interferindo no trabalho dos atores e na atenção da platéia. Com educação e respeito, procuramos acalmá-los, pedindo que fizessem silêncio. Foi pior. Eles resolveram falar mais alto.

No segundo pedido, os administradores do teatro advertiram que, a continuar daquele jeito, eles seriam retirados do recinto. A revolta foi maior e, para surpresa de todos, quase em uníssono, eles declamaram todos os direitos que tinham como menores, repetindo com detalhes os artigos do Estatuto do Menor e do Adolescente e da própria Constituição Federal. Quando se falou em seus deveres de cidadãos, eles retrucaram com mais e mais direitos. O máximo que se conseguiu foi uma contemporização para que a sessão chegasse ao final.

Ou seja, no Brasil não faltam leis. Faltam boas leis. Leis que promovam a responsabilidade de cada um, deixando bem claro os espaços e os limites das liberdades, assim como os direitos e os deveres que formam o necessário sistema de equilíbrio da sociedade democrática. Isso me parece essencial para a construção e o amadurecimento desse regime que todos nós queremos para a nossa gente.

A descrença no Poder Judiciário

Voltemos à Justiça. Até bem pouco tempo, avaliar a Justiça era um empreendimento impensável. Ninguém ousava. Nem mesmo os pesquisadores. Hoje, felizmente, o assunto começa a fazer parte do cotidiano. A imprensa destaca seguidamente as ineficiências dos tribunais. Magistrados mais lúcidos apontam as mazelas do Poder Judiciário. O próprio

Congresso Nacional criou um organismo para fazer um certo monitoramento da Justiça – o Conselho Nacional de Justiça.

Já era hora. As pesquisas disponíveis estavam mostrando o aumento da distância entre o que o povo espera da Justiça e o que ela pode dar. Pesquisas realizadas pelos institutos de opinião pública indicam que a grande maioria dos brasileiros acha que o cidadão comum não pode contar com a Justiça porque ela é demasiadamente lenta, excessivamente burocratizada e, no fim das contas, muito cara. E não é para menos. Os que usam a Justiça sabem de sua lentidão.

É perigoso quando o povo perde a fé na Justiça, quer por demora, quer por parcialidade. Mas a realidade tem sido essa. Na Justiça do Trabalho, por exemplo, é comum um processo demorar sete anos quando as partes recorrem a todas as instâncias. O tempo custa muito. Para os mais pobres, tempo é sobrevivência. Quem espera anos e anos para ver seu caso resolvido acaba perdendo dinheiro e dignidade pelo fato de se sentir tratado como cidadão de segunda classe. Sim, porque os poderosos conseguem bloquear a ação da Justiça com presteza e eficiência, deixando os mais pobres impotentes perante o que consideram justo e certo.

As explicações para a lentidão da Justiça são várias. Para o homem comum que depende da solução de seu caso, os processos não andam devido à ação da parte mais forte. Para os magistrados, a morosidade é devida ao grande número de recursos, às ações ardilosas de muitos advogados e aos interesses das partes, inclusive do governo, na postergação das decisões. É bem provável que todos estejam certos.

De qualquer maneira, parece-me, como leigo, que as causas estão ligadas ao modo de se praticar a Justiça. Seria normal, portanto, esperar dos magistrados sugestões para simplificar a tramitação dos processos. Raramente isso ocorre. Quando vêm, as propostas enfatizam muito mais o aumento dos meios para os tribunais do que a simplificação dos procedimentos. Não se pode resolver essa crise com o mero aumento de recursos. É preciso usar melhor os recursos atuais e inovar no modo de solucionar os impasses.

Alternativas de resolução de conflitos

Talvez um engenheiro como eu devesse ser o último a palpitar sobre esse assunto. Mas, como cidadão, sinto que o Brasil precisa avançar muito nesse campo. Por exemplo, não está na hora de se aumentarem as alternativas de resolução de conflitos que independem da Justiça, como é o caso da autocomposição, da conciliação e da arbitragem? Tais alternativas induzem ao acerto direto entre as partes ou provocam a participação de um terceiro de maneira expedita e simples.

Nos países de tradição anglo-saxônica, por exemplo, um impasse trabalhista pode ser resolvido por mediação ou arbitragem em poucos dias. A maior parte do trabalho fica com as próprias partes. São elas que escolhem os mediadores, os árbitros e até mesmo o método que desejam para resolver a pendência. No Brasil questiona-se até hoje o uso da arbitragem no campo trabalhista, apesar de possuirmos uma boa Lei de Arbitragem.

As alternativas que envolvem as partes na solução de seus problemas aumentam a capacidade da própria sociedade de digerir seus problemas, reduzindo-se assim o tempo do conflito e a própria desconfiança instalada durante a lide. Processos que demoram anos a fio para serem decididos pelos tribunais, além dos prejuízos acima indicados, colaboram para exacerbar o clima de confrontação, que, no caso, existe entre empregados e empregadores. Isso é desgastante para as partes e prejudicial para o bom convívio no trabalho, além de interferir de modo negativo na competitividade das empresas.

Muitos dizem que os profissionais da área do Direito – também chamados de operadores do Direito – serão os últimos a querer mudar o *status quo* porque, em última análise, seu poder político e econômico deriva do conflito e da lentidão da tramitação dos processos.

Pode ser que isso aconteça. Mas começa a surgir uma bela plêiade de juristas e magistrados com a coragem de identificar as mazelas e apontar soluções concretas para a crise do Poder Judiciário. Li, há pouco tempo, o corajoso depoimento do desembargador José Renato Nalini, que, no seu livro *A Rebelião da Toga* (São Paulo: Millenium, 2006), fez uma radiografia completa daquele poder, diagnosticando os problemas e apresentando sugestões valiosas para o seu aperfeiçoamento.

Assim como apontei o excesso de leis – e principalmente das más leis –, Nalini aponta o excesso de órgãos no Poder Judiciário. Fazem parte desse poder o Supremo Tribunal Federal, o Conselho Nacional de Justiça, o Superior Tribunal de Justiça, os Tribunais Regionais Federais e os Juízes Federais, os Tribunais Regionais do Trabalho e os Juízes das Varas do Trabalho, os Tribunais Regionais Eleitorais e os Juízes Eleitorais, os Tribunais e Juízes Militares e os Tribunais e Juízes dos Estados e do Distrito Federal.

Na sua opinião, a reforma do Poder Judiciário não terminou com a edição da Emenda Constitucional 45, de 2004. Ao contrário, mal teve início. O mais importante ainda deve ser feito, ou seja, a simplificação da máquina judiciária e a melhora da qualidade dos serviços que presta. O povo, diz ele, enxerga a Justiça como parcial e imprevisível, lenta e excludente.

Na sua abalizada opinião, as mudanças têm de começar pela formação do juiz e chegar à composição dos colegiados, passando pelo método de recrutamento dos magistrados, pelas formas de atualização de seus conhecimentos e, até mesmo, pelos mecanismos de preservação do espírito ético no ato de julgar.

As mudanças necessárias

Quando se pede a modernização da Justiça, muitos magistrados insistem em pedir mais tribunais e mais juízes. Até certo ponto, eles me parecem ter razão. Enquanto não se simplificarem os procedimentos e não se criarem formas alternativas e voluntárias de resolução de conflitos, não há o que fazer senão inchar cada vez mais a máquina do Poder Judiciário.

Os magistrados têm razão também ao registrar que todos os órgãos estão sempre sobrecarregados de tarefas, muitas vezes distorcendo sua verdadeira missão. Sabe-se, por exemplo, que a Suprema Corte dos Estados Unidos examina cerca de 110 a 120 processos por ano, enquanto o Supremo Tribunal Federal do Brasil tem de apreciar mais de 100 mil ações a ele submetidas anualmente. Isso consome tempo e talentos de magistrados preparados para solucionar os problemas mais complexos e não os que, freqüentemente, são chamados a dirimir. Todos devem ter lido na imprensa que até desavenças sobre cachorro e papagaio foram parar no STF.

Nalini ressalta que o ramo eleitoral decide rápido e com precisão. É conhecido como a Justiça que funciona. Tudo indica que o Poder Judiciário tem muito o que apreender com um bom exame da Justiça Eleitoral. Indica ainda que o problema é solúvel.

Os Juizados Especiais que tratam de maneira expedita de pequenas causas constituem outra inovação promissora. Eles foram bem aceitos pela comunidade, demonstrando que, para ter prestígio, não é preciso ser grande e muito menos complexo – basta ser eficiente.

Mas, por trás de tudo, há uma necessidade maior. O Brasil precisa de menos conflitos. É aí que está a raiz do problema – o excesso de conflitos.

A redução de conflitos depende, em grande parte, da reformulação das leis. Quanto mais se regulamenta por lei, maior é a possibilidade de ter ações de uns contra os outros. Quanto mais se regulamenta por contratos voluntários, que incluem os mecanismos de autocomposição, mediação e arbitragem, menor será a possibilidade de iniciar ações judiciais. As poucas experiências de uso desses mecanismos no Brasil têm mostrado resultados expeditos, pouco onerosos e indutores de bom entendimento entre as partes. Refiro-me aos órgãos de arbitragem que já existem.

No Brasil, as instituições arbitrais recebem os mais variados nomes (Câmaras de Arbitragem, Academias de Arbitragem, Centros de Mediação e Arbitragem, Institutos de Arbitragem, Conselhos Arbitrais etc.), mas todas seguem o que diz a Lei da Arbitragem 9.307/96.

No campo trabalhista, a arbitragem está prevista na Constituição Federal, nas leis de greve, na participação nos lucros ou resultados e outras. Juristas renomados recomendam a arbitragem trabalhista, sem restrições (José Eduardo Carreira Alvim, *Comentários à Lei de Arbitragem*. Rio de Janeiro: Editora Lumen Juris, 2001), embora muitos juízes ainda insistam em anular os laudos arbitrais com o argumento de que foram baseados na transação de direitos inegociáveis.

Isso precisa ser esclarecido de uma vez por todas. Pelo que entendo, quando as partes comparecem perante um juiz de Vara do Trabalho, elas transacionam todos os direitos, com exceção, é claro, das verbas sagradas e referentes à Previdência Social, ao FGTS e a outras que são devidas aos órgãos que se responsabilizam pelo bem-estar social. Mas, na prática, quando o empregador oferece uma importância e o empregado demanda outra, o juiz costuma instigá-los a um acordo, propondo um terceiro valor que inclui vários direitos – negociáveis e não negociáveis.

Penso que um bom esforço por parte dos nossos legisladores poderia esclarecer o assunto e dar à arbitragem trabalhista a mesma segurança que é dada aos demais tipos de arbitragem. Isso ajudaria a desafogar a Justiça e diminuir o clima de confrontação.

Nalini sugere que a redefinição da Justiça teria de passar pela unificação entre o Poder Judiciário e o Ministério Público, o que foi feito na Itália, em Portugal e na França. Sem ser do ramo, vejo nisso uma sugestão que merece ser discutida. Sei que o tema é polêmico, mas a simplificação dos procedimentos judiciais é uma necessidade que deve pairar sobre interesses individuais e de corporações.

Simplificar as leis

No conjunto, as sugestões de Nalini visam fortalecer no Brasil a instituição mais essencial para o avanço da democracia e, sobretudo, para a formação em nossos jovens dos valores da ética e da moral.

Mas não é só a Justiça que precisa ser aperfeiçoada para o melhoramento das nossas instituições. Vários dos nossos problemas estão ligados a inúmeras outras instituições criadas por leis ou, para ser mais direto, com as leis propriamente ditas.

Os especialistas estimam que, desde 1822, o Brasil produziu quase 1 milhão de leis. Muitas continuam em vigor; outras caducaram e boa parte foi parcialmente revogada, aumentando a confusão.

O Congresso Nacional já aprovou uma lei para reduzir o número de leis. Grande medida. Mas, até agora, a sua implementação foi pífia. Ao contrário, o número de projetos de lei e de medidas provisórias entope a pauta do Congresso Nacional, muitas vezes, com assuntos irrelevantes para o desenvolvimento do país e, alguns deles, travando o desenvolvimento.

Repito. Como engenheiro, não deveria entrar nessa área. Mas, como cidadão, sinto-me desconfortável ao ver que o nosso país é o campeão de leis e também de violações legais. Isso não é bom para o Brasil, muito menos para os jovens brasileiros, que passam a desacreditar na força das leis e da própria Justiça.

Penso que o grande desafio não é simplesmente o de reduzir o número de leis, mas, sobretudo, o de elevar a sua qualidade. Leis malfeitas comprometem o crescimento econômico, da mesma maneira que o excesso de leis bloqueia o progresso social. Lendo livros de ciência política, aprendi que uma lei é de boa qualidade quando é simples de ser entendida pelo povo e fácil de ser implementada pelas autoridades. Não posso deixar de concordar inteiramente com essa visão.

Sei que fazer boas leis é um exercício complexo. Mas não podemos fugir das regras sugeridas. De modo geral, as leis brasileiras precisam ser mais claras, específicas e rígidas em relação ao que pretendem regular. Ademais, elas têm de ser flexíveis para permitir a prática do bom senso e o ajuste às mudanças. É o paradoxo entre precisão e flexibilidade.

Qualquer exagero nesses campos estraga a lei. Leis vagas e imprecisas dão margem a oportunismos e espertezas, assim como a diferentes interpretações técnicas (cada um puxando a lei para onde convém), atolando as mesas dos juízes e advogados. Nalini afirma que os devedores são clientes muito gratos à Justiça. Estão aí também os invasores de áreas particulares, pois sabem que a burocracia judicial os deixará nas áreas por muito tempo. O próprio governo usa e abusa da lentidão da Justiça, na tentativa de evitar o pagamento do que deve ao contribuinte. Em muitos casos, os direitos do contribuinte são usurpados por interferência indevida do próprio Estado, como aconteceu tantas vezes nos planos econômicos do passado. Isso gera uma enormidade de demandas, todas do mesmo teor, o que entope os tribunais e obriga os magistrados a rotinizar seu trabalho.

Nesse campo existe um grande debate entre economistas e juristas. Os primeiros dizem que os juízes tendem a sentenciar com um viés em favor dos devedores, o que atrapalha a expansão do mercado de crédito. Os segundos defendem que os juízes julgam de acordo com a lei. É um debate infindável. Entretanto, mesmo que seja de acordo com a lei, o julgamento pode ser afetado pela qualidade dessa lei. Por exemplo, o Código de Defesa do Consumidor não só determina que as cláusulas contratuais devem ser interpretadas de modo mais favorável ao consumidor (art. 47), como também assegura aos consumidores o direito de inversão do ônus da prova de suas alegações (art. 6º, VIII), além de determinar a nulidade de cláusulas consideradas abusivas. Quem critica esse viés da lei é um professor de Direito, não um engenheiro. Baseio-me no trabalho de Luís Fernando Schuartz ("Uma lei mais rígida para uma Justiça mais rápida", *Revista Custo Brasil*, Ano I, n. 6, janeiro de 2007). O autor acrescenta outros exemplos na mesma direção. A CLT estabelece que, no caso de contratos individuais de trabalho, serão nulas as alterações das condições contratuais e todas as cláusulas que resultem direta ou indiretamente em prejuízo do empregado (art. 468). Ou seja, se as sentenças são enviesadas, é porque a lei é enviesada ou demasiadamente detalhista.

Quando a lei exagera no detalhismo, a sua implementação torna-se difícil, gerando uma indústria de despachantes, intermediários e corruptores profissionais. Um efeito secundário igualmente importante é a deformação que se implanta na mente das pessoas, que passam a usar a Justiça sem nenhuma parcimônia. No Japão, diz Nalini, recorrer ao Judiciário denota uma certa debilidade de caráter. Pessoas probas resolvem seus problemas de forma civilizada – diretamente. No Brasil, a velha conduta do "fio de barba" sumiu da nossa cultura. O réu não mais se envergonha de ser réu. Todos entram na Justiça por motivos que poderiam ser resolvidos entre si. Surge, assim a indústria de liminares. Mas, aqui também, há exemplos de leis que instigam os conflitos e as ações judiciais. O que me ocorre no momento é o preceito constitucional que prevê a indenização por dano moral. Por qualquer motivo as pessoas se dizem ofendidas e prejudicadas na sua imagem e na sua vida pessoal. Instala-se, aos poucos, uma nova indústria – a do dano moral.

O Brasil possui muitos casos de leis extremamente complexas que não podem ser cumpridas por falta de condições objetivas. Já citei as dificuldades de cumprimento de vários artigos da CLT pelas pequenas e microempresas. O cipoal burocrático imposto pelo quadro legal do trabalho é de tal ordem que um microempresário, que normalmente não conta com a ajuda de especialistas no ramo, raramente consegue decifrar as exigências de leis, decretos, portarias e normas reguladoras.

Justiça, crescimento e democracia

Penso que o Brasil precisa de uma cruzada muito séria e conduzida por profissionais competentes para em quatro ou cinco anos fazerem uma grande faxina nas leis de má qualidade que ainda sobrevivem no século XXI, apesar de terem sido criadas para o século XIX e terem sido ultrapassadas no século XX.

A modernização das leis e da Justiça tem um enorme impacto no mundo econômico. Já foi o tempo em que o sucesso da economia era avaliado apenas pelo comportamento de produtores, trabalhadores e consumidores. As instituições sociais, em especial a Justiça, têm um papel crucial.

Há alguns anos, o Banco Mundial publicou os resultados de uma pesquisa que envolveu milhares de entrevistas com produtores de um grande número de países. Para 70% dos entrevistados, a imprevisibilidade do Poder Judiciário nos chamados países emergentes constitui um dos principais inibidores dos investimentos produtivos e, portanto, da criação de empregos, geração de renda e progresso social (Bird, *Relatório sobre o Desenvolvimento Mundial,* 1998).

Na mesma época, um estudo realizado no Brasil identificou um quadro dramático. Para 95% dos entrevistados, o mau funcionamento da Justiça brasileira foi considerado altamente prejudicial ao desenvolvimento da nossa economia. Para 91%, a Justiça foi classificada como má em relação à velocidade; 68% julgaram-na mediana quanto à imparcialidade; e 41%, demasiadamente onerosa (Idesp, *Custos da Ineficiência Judicial no Brasil,* 1997).

Todos esses traços foram considerados nefastos para a decisão de investir. E, de lá para cá, o quadro se manteve praticamente o mesmo, com uma grande exceção – a Lei de Responsabilidade Fiscal. Está aí uma lei de boa qualidade porque teve foco em um dos problemas mais graves da nação, que é a tendência de os políticos, quando no governo, gastarem mais do que arrecadam, deixando a dívida para seus sucessores e, conseqüentemente, para os contribuintes – travando o investimento e a geração de empregos.

O Congresso Nacional tem uma enorme responsabilidade nesse campo, pois o bom desempenho da Justiça depende fundamentalmente da qualidade da lei que é escrita e modificada pelos parlamentares. A interface entre a qualidade da lei e a qualidade da sentença é percebida pelos investidores como irmãs gêmeas.

No atual cipoal de leis, medidas provisórias, decretos e atos administrativos, o Brasil tem um pouco de tudo. Em certas áreas, há leis demais e implementação de menos. Em outras, há má fiscalização e muita corrupção.

Com tudo isso, o Brasil é visto pelos investidores do setor produtivo como um país de muita insegurança jurídica. É um problema que atinge todos os cidadãos, mas que afeta em cheio a propensão para investir, o crescimento econômico, a geração de empregos e o bem-estar geral da população. Sem investimentos não há emprego. E o Brasil precisa de grandes massas de investimentos externos e internos.

Os investimentos estão muito aquém das necessidades. Há muito tempo que o Brasil não investe mais de 20% do PIB, quando se sabe que o mínimo necessário para crescer e gerar empregos seria 25%, como, aliás, fizemos em décadas passadas.

O que isso tem a ver com a Justiça? O fato é que os produtores investem em países que crescem e têm leis efetivas para garantir os investimentos. Não se trata apenas de acelerar o trabalho do Poder Judiciário, mas, sim, de construir uma Justiça que seja eficiente e transparente na hora de punir e corrigir os comportamentos que se desviam das leis.

O Brasil tem muito a fazer no campo do fortalecimento das instituições que protegem a propriedade privada. A impunidade que repetidamente se observa nessa área constitui um péssimo exemplo à sociedade em geral e aos jovens em particular. Eles ficam confusos sobre qual regra deve ser seguida. Não podemos contar com uma nação ordeira se os jovens forem empurrados para o campo da ambivalência a respeito do papel das instituições sociais, em especial da Justiça.

O Brasil já viveu momentos de grande insegurança jurídica, quando lembramos das violações das leis praticadas pelos tecnocratas que chegaram a confiscar poupanças e contas-correntes. Tempos que queremos esquecer. Mas a insegurança não passou. Hoje ela assume outras feições. Como motivar um investidor a aplicar seus recursos no Brasil quando ele vê uma invasão de sua propriedade nas barbas das autoridades, que ficam inertes e apelam para negociações teatrais que não levam a nada? E isso acontece não apenas com as propriedades privadas, mas também com os órgãos públicos e até mesmo com centros de pesquisas que levaram dezenas de anos para acumular conhecimentos, destroçados em um pontiagudo ato de vandalismo.

Repetindo: a estimulação de investimentos produtivos não depende apenas do fim das instâncias recursais e da informatização do Poder Judiciário, mas sim da certeza de que as leis serão cumpridas e os desvios, claramente corrigidos.

Depois de tantos escândalos que chocaram os cidadãos de todas as classes sociais e chamaram a atenção do mundo nos anos 2005 e 2006, parece urgente que o Congresso Nacional instale mecanismos específicos para melhorar a qualidade das leis, inibir a corrupção, punir com presteza os que se afastam das leis e simplificar o trabalho da Justiça.

Autoridades dos três poderes terão de agir mais rápido e com muito mais determinação. A execução dessa agenda é de fundamental importância para os investimentos e, sobretudo, para reacender nos jovens do Brasil a crença no seu progresso e na retidão dos seres humanos. A moral da geração de amanhã depende da qualidade das instituições de hoje.

7

O futuro
do emprego

O economista Robert Reich, que foi ministro do Trabalho do presidente americano Bill Clinton, tem insistido no fato de o crescimento econômico dos últimos tempos não ter sido capaz de gerar os empregos esperados para jovens e adultos.

De fato, nos últimos trinta anos, o PIB do mundo dobrou e a pobreza foi multiplicada por dez. Isso dá uma idéia do descompasso existente entre o progresso econômico e o progresso social. A sociedade moderna não está conseguindo transformar prosperidade material em bem-estar. Os frutos do avanço econômico e da globalização estão sendo apropriados por poucos.

A Organização Internacional do Trabalho (OIT) também anuncia que mais de 1 bilhão de seres humanos são subutilizados por sofrerem dos males do desemprego e do subemprego. A maior parte desses desafortunados está nos países mais pobres.

Ironicamente, a Organização das Nações Unidas para a Agricultura e a Alimentação (FAO) registra uma perda de 300 milhões de toneladas de grãos todos os anos. Isso significa o desperdício de duas safras e meia daquilo que o Brasil produz anualmente.

A força de trabalho do mundo está em torno de 3,5 bilhões de pessoas. Destas, segundo a OIT, cerca de 350 milhões não têm nada o que fazer. É o desemprego absoluto. Não se trata de pessoas que desistiram de procurar trabalho ou que não querem trabalhar. Pelo próprio conceito de desemprego, são seres humanos que saem de casa diariamente à procura de trabalho e não encontram.

Em complemento, há cerca de 700 milhões de seres humanos trabalhando nas mais precárias condições. São pessoas que se situam abaixo da linha da pobreza e que trabalham sem proteção da lei e dos mais elementares princípios de higiene e segurança. Para essa gente, trabalhar é incerto, e viver, uma aventura.

Está aí uma grande contradição. O mundo faz nascer centenas de milhões de pessoas que não têm o que fazer, perdendo o mais valioso capital de que os homens dispõem: o capital humano. E as novas tecnologias anunciam que a subutilização dos trabalhadores tende a se alastrar, atingindo até os mais educados. Ou seja, a revolução tecnológica força a obsolescência humana – uma das piores tragédias.

Isso significa que não é qualquer tipo de investimento que gera os empregos necessários, assim como nem sempre o país que avança na produção avança no emprego. Este é um grande dilema que desafia o mundo de hoje e para o qual as políticas públicas, as empresas e a sociedade em geral têm de encontrar uma solução.

Neste capítulo, procurarei examinar os determinantes da geração de emprego e os problemas que o Brasil enfrenta nessa área. Emprego depende de muitos fatores, mas três deles são essenciais: crescimento econômico, educação de boa qualidade e leis trabalhistas adequadas.

Investimentos e emprego

O que foi dito acima não deduz que os investimentos são dispensáveis. Ao contrário, sem investimentos não há empregos. O comentário acentua apenas que determinados investimentos geram mais empregos do que outros. Mas a manutenção de uma boa taxa de investimentos é fundamental para qualquer país.

Como vimos nos capítulos anteriores, o nível de investimentos do Brasil é muito baixo para as nossas necessidades. Isso se refere tanto aos investimentos de capitais externos como de capitais internos, assim como abrange os investimentos do setor público e do setor privado.

Entre os países desenvolvidos, os que mais atraem investimentos estrangeiros produtivos são os Estados Unidos e a Inglaterra. Em 2006, tais países atraíram, cada um, cerca de 170 bilhões de dólares. Em terceiro lugar ficou a França, com 88 bilhões de dólares.

Entre os países em desenvolvimento, a China é a campeã. Em 2006, o gigante asiático atraiu cerca de 70 bilhões de dólares. Logo em seguida, veio Hong Kong, com 41 bilhões de dólares. Em terceiro lugar, posicionou-se a Rússia, com 28 bilhões de dólares. Tendo em vista a incorporação recente de Hong Kong à China, a região recebeu 111 bilhões de dólares no ano de 2006. O Brasil, nesse mesmo ano, recebeu 16 bilhões de dólares, e esse montante tem se mantido estável por muito tempo. A Turquia recebeu 17 bilhões de dólares, e Cingapura, 32 bilhões de dólares.

Esses dados são da Conferência das Nações Unidas para o Comércio e Desenvolvimento (Unctad). O Banco Central do Brasil atribuiu um certo atraso às estimativas desse órgão e previu para o fim de 2006 um total de investimentos diretos da ordem de 18 bilhões de dólares. Mesmo assim, é muito pouco para as nossas necessidades e irrisório perto do que os outros países emergentes (e concorrentes) estão recebendo. Isso porque, junto com o investimento estrangeiro chega muita tecnologia, e esta estimula a capacitação dos trabalhadores, tornando-os mais produtivos e favorecendo a criação de empregos de melhor qualidade e de melhor renda. Ou seja, investimentos externos têm uma clara interface com aumentos de produtividade. E disso o Brasil precisa bastante. Apesar de alguns ganhos localizados em certos setores, o hiato de produtividade entre o Brasil e os países desenvolvidos está crescendo, em lugar de se reduzir. De acordo com pesquisas recentes, e tomando-se a produtividade dos Estados Unidos como parâmetro, a do Brasil, que já era baixa na década de 1970 (33% da americana), baixou mais ainda nos dias atuais (24%). Isso devido, basicamente, ao grande avanço de eficiência da economia da América (David Kupfer, "Em busca da produtividade perdida", *Valor Econômico*, 10/1/2007).

Os investimentos estrangeiros, além disso, tendem a se concentrar em setores que se ligam ao comércio internacional, integrando o país às grandes cadeias produtivas, aumentando as exportações e as importações e, com isso, tornando-se atrativos para mais investimentos externos.

Os empecilhos ao investimento

Quando se considera que o Brasil conseguiu estabilizar a sua moeda nos últimos dez anos e que honrou todos os compromissos das dívidas externa e interna, espera-se um maior aporte de capitais produtivos na economia brasileira. A confiança dos estrangeiros, entretanto, não depende só disso. Ela reflete, sobretudo, o ambiente de negócios que existe no país hospedeiro. Quando este cresce a taxas expressivas e de modo sustentado, a atração é maior.

Aqui está um dos principais problemas do Brasil. O crescimento dos últimos 25 anos tem ficado em torno de 2,5%, em média, o que é ridículo quando comparado ao crescimento da maioria dos países emergentes.

Em 2003 a corretora Goldman Sachs criou o termo BRIC para agrupar os países que tinham a maior potencialidade de crescimento,

O futuro do emprego

referindo-se, especificamente, a Brasil, Rússia, Índia e China. O termo pegou. No começo, o Brasil entrava como uma grande esperança. Hoje, as luzes se concentram apenas nos outros três países. Enquanto em 2006 o Brasil cresceu 2,9%, a Rússia cresceu 6,7%, a Índia, 8,2% e a China, 10,2%. São diferenças brutais, que colocam o Brasil na rabeira.

As razões são claras. Em 2006, a China investiu 43,8% do PIB, a Rússia investiu 20,6% e a Índia, 30,6%. Os investimentos do Brasil, somados, ficaram em torno de 21% do PIB e, mesmo assim, há analistas que consideram não ter chegado a esse percentual.

Há outros fatores importantes. A poupança interna da China está na estratosfera – 47,8% –, a da Rússia alcança 33,5% e a da Índia, 29,3%, enquanto a do Brasil não passa de 25%. Entretanto, nossa carga tributária é de 38%, bem superior à da Rússia (31%), Índia (17%) e China (16%). Como se vê pelos dados, a Rússia investiu tanto quanto o Brasil em 2006 (como proporção do PIB), mas cresceu 6,7%, mais que o dobro do Brasil. Ocorre que sua carga tributária é de pouco mais de 30%, enquanto a nossa se aproxima dos 40%. Ou seja, no Brasil o Estado fica com 40% de tudo o que é produzido no país e deixa apenas 60% para o setor privado – e mesmo assim com altas alíquotas de impostos, taxas e contribuições. O governo da China fica com apenas 16%, deixando 84% para o setor privado (associado com o Estado) investir de forma pesada e continuada. Isso faz muita diferença.

A taxa de juros reais do Brasil é a mais alta do mundo. O déficit previdenciário é explosivo, tendo chegado, em 2006, a mais de 70 bilhões de reais quando se computam os sistemas público e privado. As despesas da União poderão chegar a 19% do PIB em 2007 (eram menos de 10% em 1991).

Os economistas defendem que os "fundamentos" da nossa economia são sólidos – as reservas cambiais chegam perto de 100 bilhões de dólares, a dívida externa diminuiu, o câmbio continua livre e as exportações vão bem. Mas será que isso encerra o elenco dos "fundamentos"? O que dizer da incapacidade do Estado de investir em infra-estrutura? O que dizer da estratosférica taxa de juros reais, que só serve para atrair dinheiro especulativo? O que dizer da anêmica atração de capitais para projetos produtivos? O que dizer da irrisória taxa de formação de capital para investir? Se esses aspectos entrarem no conceito de fundamentos, penso que o quadro muda. As vulnerabilidades da economia brasileira são imensas e ficaram crônicas – sem que os governantes se disponham a atacá-las de frente.

Não podemos nos iludir. O desempenho dos últimos quatro anos foi reflexo, em grande parte, do alto dinamismo da economia mundial e, mesmo assim, não conseguimos crescer mais de 2,5% em média. Mas não podemos contar eternamente com o dinamismo externo. Precisamos fazer a nossa lição de casa. É importante criar um clima favorável para ampliar de forma substancial os investimentos nacionais e estrangeiros.

Investimento na produção

Os integrantes dos BRICs têm se diferenciado bastante nos últimos anos. Ao longo do tempo, o Brasil conseguiu acumular um montante expressivo de investimentos diretos provenientes do exterior. O estoque desses capitais é de 201 bilhões de dólares, e isso tem um grande peso na formação do PIB nacional. Ocorre que o grosso desse montante vem de tempos remotos. Nos últimos anos, o fluxo diminuiu severamente. Ou seja, estamos perdendo terreno enquanto a maioria dos demais países emergentes está ganhando força para investir na produção e, com isso, gerar empregos.

No que tange aos investimentos internos, a posição do Brasil está igualmente fragilizada. Como vimos, enquanto a maioria dos países emergentes investe mais de 30% do PIB — a China chega a 40% —, o Brasil tem ficado em torno de 20%. Isso é muito pouco para um país continental que, dentro de alguns anos, terá 200 milhões de habitantes.

Ademais, os investimentos públicos diminuíram demais nos últimos anos. Já houve tempo em que o governo investia 6% e 7% do PIB. Segundo estimativas do economista Raul Velloso, no primeiro mandato do presidente Lula o governo investiu apenas 0,74% do PIB ("Gasto público aumenta 88,8% acima da inflação desde 1995", *Valor Econômico*, 9/1/2007). Isso faz muita diferença na infra-estrutura do país, o que, por sua vez, afeta o restante da economia, em especial o emprego. O setor de infra-estrutura tem uma das mais altas potencialidades de gerar empregos para todos os níveis de qualificação. A construção de uma usina elétrica ou de um conjunto de casas populares envolve uma imensidão de insumos, o que ativa vários outros setores, gerando empregos indiretos.

Ou seja, dos 20% dos investimentos internos, apenas 1% (arredondando a estimativa de Velloso) vem do governo, o restante é da iniciativa privada. Ambos precisariam ser bem superiores às taxas atuais, tendo de chegar a, pelo menos, 25% do PIB para que o Brasil possa contar com uma boa força propulsora na geração de empregos.

Nos últimos cinco anos, ironicamente, aumentaram os investimentos brasileiros no exterior. Em 2006, saíram do Brasil cerca de 25 bilhões de dólares. Portanto, saiu muito mais do que entrou (16 bilhões de dólares). É verdade que 2006 foi um ano atípico, pois só a compra da Inco pela Companhia Vale do Rio Doce implicou um desembolso de 14 bilhões de dólares. Mas, tomando-se a média de investimentos no exterior, verifica-se que, entre 2004 e 2006, o Brasil remeteu cerca de 13 bilhões de dólares por ano, o que é bastante expressivo. Cerca de setenta empresas brasileiras estão indo para o exterior.

A busca de mercados externos não constitui um mal em si. Muitos dos investimentos externos buscam dar apoio às exportações nacionais;

outros são feitos para aproximar os produtores dos clientes; há ainda os que vão para o exterior devido à saturação do mercado interno. Até aqui, tudo bem. Mas há também aqueles que vão para o exterior porque não podem manter sua competitividade no mercado interno e aqui entram, como determinantes, os constrangimentos conhecidos da economia brasileira, como a elevadíssima carga tributária, as altas taxas de juros reais, a indomável burocracia estatal e a precariedade de vários setores da infra-estrutura – sem falar no cipoal das leis trabalhistas e previdenciárias.

É sobre este último aspecto que temos de lutar muito para evitar que as empresas saiam do Brasil, levando para o exterior os empregos que deveriam ser destinados aos brasileiros. Se já investimos poucos recursos externos, não podemos permitir que, por falta da modernização institucional nas áreas indicadas, o Brasil venha a perder ainda mais aquilo de que ele mais precisa – os investimentos produtivos. Isso é crucial para o emprego.

Emprego e comércio internacional

No passado, era comum dizer que os países se especializavam nos setores que têm vantagens comparativas com o emprego se deslocando na direção dessas vantagens. Assim, uma nação que possuísse um grande estoque de capital humano de alta escolaridade tenderia a ficar com os empregos mais especializados e as que possuíssem capital humano de baixa escolaridade ficariam com os empregos menos especializados, mas, no final das contas, todas conseguiriam empregar a sua gente.

De fato, o comércio internacional deu um grande impulso à geração de empregos em boa parte do planeta. Mas, ultimamente, os novos empregos estão exigindo mais e mais qualificação. Essa exigência cresce continuamente, até mesmo nos países mais pobres, que, durante séculos, se valeram da exportação de recursos naturais.

Há recursos naturais que continuam sendo estratégicos e muito podem ajudar na geração de empregos. O Brasil é privilegiado nesse campo. O mundo precisa de muito alimento. Há, atualmente, um mercado comprador. Basta ver as exportações de produtos agrícolas do Brasil dos últimos dez anos, em que a receita líquida da balança comercial do agronegócio somou 239 bilhões de dólares! Essa é uma vantagem comparativa que estamos explorando e ainda poderemos contar com ela por muitas décadas no futuro. O Brasil possui terras boas e clima apropriado. Uma ativação efetiva da agricultura brasileira pode gerar muitos empregos e muitas divisas.

Mas, para tirar o máximo de vantagem nesse campo, não podemos ficar inertes. A oscilação das políticas agrícolas tem reduzido, em muito, o potencial de empregos da atividade agropecuária. Está na hora de o Brasil praticar políticas consistentes e de longo alcance para estimular a produção e a exportação de alimentos.

Adicionalmente, há que se levar em conta os impactos das novas tecnologias. O Brasil tem conquistado altos níveis de produtividade em grãos graças, principalmente, ao esforço da pesquisa agrícola. Mas essas tecnologias, de um lado, reduzem o montante de trabalho no campo e, de outro, demandam trabalhadores cada vez mais capacitados.

Para lidar com as novas máquinas e os novos produtos químicos ou para monitorar a criação de animais, os trabalhadores necessitam de uma educação mínima para poder ler os manuais de instrução, as bulas para aplicação de inseticidas e herbicidas, as regras para alimentação e vacinação de animais, e assim por diante. Repete-se aqui o que já ocorreu nos países mais avançados: a mão-de-obra das atividades agropecuárias é menor e mais qualificada.

Finalmente, é preciso considerar que as políticas de importação dos países mais ricos nem sempre favorecem o livre-comércio para que os países exportadores possam tirar o máximo de vantagem das condições que possuem. No campo dos alimentos isso chega a ser escandaloso. As rodadas de negociação no âmbito da Organização Mundial do Comércio (OMC) se sucedem, e a tal liberdade de acesso é constantemente bloqueada pelas taxas e sobretaxas impostas pelos países ricos para importar dos países pobres.

No caso do Brasil, o protecionismo afeta grãos, sucos, animais e fibras. Esse fato tem uma grande responsabilidade na distorção da teoria clássica da economia, segundo a qual os países explorariam suas vantagens comparativas para produzir um resultado homogêneo para o mundo inteiro. Doce ilusão. O protecionismo praticado por quem prega o liberalismo é um dos maiores responsáveis pelo descompasso entre crescimento e emprego. Essa é uma força que faz os fortes ficarem mais fortes e os fracos se tornarem mais fracos. Tudo dentro de uma retórica de liberdade.

Os agricultores franceses têm de 50% a 85% de sua renda garantida por subsídios da União Européia – que somam 135 bilhões de dólares por ano! A França é a maior beneficiária desses recursos. O jornal *European Global Business*, de 9 de junho de 2003, publicou uma provocativa fotomontagem com dezenas de vacas pastando no gramado da Torre Eiffel, com o seguinte título: "Na França, a vaca é sagrada".

O pior é que uma parte expressiva dos subsídios é para os fazendeiros não produzirem. Os franceses preferem abastecer o mercado interno com café, açúcar e suco importados do Brasil com enorme sobretaxa! Aliás, os norte-americanos fazem o mesmo e, para tanto, gastam cerca de 200 bilhões de dólares por ano.

Os subsídios distorcem o comércio internacional, dão prêmios para quem não trabalha e castigam os que produzem com afinco e qualidade.

O Brasil está sendo uma das vítimas dessa guerra injusta. Nós é que pagamos o ócio dos milhões de fazendeiros do mundo desenvolvido.

O avanço da nossa agricultura já foi suficiente para credenciar o Brasil a falar grosso em qualquer fórum, a começar pela OMC. Os europeus e os norte-americanos têm todo o direito de viver na *dolce vita*, mas com o seu dinheiro, e não com os recursos arrancados dos países pobres, como acontece hoje. Esse quadro de protecionismo precisa mudar, porque reduz profundamente a oferta de empregos.

A sensibilização dos países mais avançados

É evidente que a prática do protecionismo deslavado terá seus limites. Os países ricos não poderão continuar ricos se acabarem com todos os países pobres. De forma muito embrionária, economistas das nações desenvolvidas começam a considerar esse dilema. Não vou dizer que o movimento é generalizado. São sinais muito preliminares de uma eventual tomada de consciência por parte dos países mais ricos.

Para ilustrar o que digo, li um comentário da economista Laura Tyson, da Universidade da Califórnia, que se expressou da seguinte maneira: "Vivemos em um mundo de opulência sem precedentes. Ao mesmo tempo, a maioria dos seres humanos vive em uma privação crescente. Acumula-se riqueza de um lado e espalha-se pobreza de outro. Mas essa acumulação de riqueza não se dá impunemente. Nunca foi tão claro que a prosperidade dos [países] mais ricos depende do desenvolvimento dos países mais pobres, onde a renda *per capita* é de menos de 1 dólar por dia. Os países ricos, querendo ou não, estão sendo chamados a encontrar formas criativas para promover o desenvolvimento no exterior" (*BusinessWeek*, 3/12/2001).

Ao lado da necessária complementaridade econômica entre ricos e pobres, o mundo desenvolvido se sente cada vez mais inseguro em face da violência e do terrorismo, cuja raiz, além de fatores religiosos, está muito ligada à pobreza, à desigualdade e ao desemprego. O Grupo dos 7 (países mais ricos) reconheceu várias vezes que o desemprego é o mais grave problema da humanidade. E que não pode continuar dessa maneira porque põe em risco a segurança do mundo.

Quando o mundo desenvolvido começar a se preocupar com esse problema, surgirá um certo alento. Oxalá tais idéias prosperem, embora, em termos de ações práticas, pouco se tenha feito até o momento. Pelas contas da ONU, a eliminação da miséria até 2015 vai requerer uma injeção adicional anual da ordem de 100 bilhões de dólares nos países mais pobres. Isso é pouco mais de 1% do PIB dos Estados Unidos e uma parcela insignificante do PIB do mundo rico. Mesmo assim, esse programa está atrasado por falta de investimentos que sejam capazes de gerar os empregos de que os pobres precisam.

Ações domésticas para o comércio externo

Não podemos ficar esperando a ação dos nossos importadores. O sucesso dos países no campo do comércio internacional depende muito do tipo de política interna que eles adotam em relação ao assunto.

O professor Marcos Jank, presidente do Instituto de Estudos do Comércio e Negociações Internacionais (Icone), tem insistido em que a maior parte das nações implementa políticas comerciais que levam em conta as necessidades das empresas e dos trabalhadores. Poucos países colocam na frente os motivos políticos para explorar novos mercados.

Nos últimos anos, ao procurar estreitar relações com as nações mais pobres da África, assim como com Cuba, Venezuela e Bolívia, o Brasil colocou a política à frente da economia. Se, de um lado, é louvável nosso espírito de solidariedade, inclusive quando lideramos a formação do G-20 como grupo de pressão, de outro é inegável a baixa capacidade dos países pobres em, no curto prazo, se tornarem grandes compradores da produção nacional. A insistir nesse relacionamento, teremos de nos contentar com sonhos e promessas.

Enquanto isso, as demais nações lançam-se agressivamente ao estabelecimento de negociações regionais e à assinatura de acordos bilaterais que reduzem as proteções e ampliam o acesso a grandes mercados. México, Chile, Colômbia, Peru e vários países centro-americanos já estabeleceram laços estreitos com Estados Unidos, Canadá, União Européia, Japão e outras nações compradoras. O mesmo deverá ocorrer, dentro em breve, com Uruguai e Paraguai. Uma imensidão de novos acordos bilaterais ocorre na Ásia, todos eles transacionando bilhões de dólares e aumentando a participação daqueles países no comércio internacional, enquanto, apesar do bom desempenho recente, as exportações do Brasil continuam representando 1% do comércio mundial.

Não adianta querer inverter a geografia do comércio exterior. O pragmatismo é a bússola de quem opera nessa área. Se aumentar a entrada de produtos estrangeiros no Brasil, teremos de aumentar ainda mais a penetração de produtos brasileiros no exterior. Isso se faz com base em negociações objetivas, e não políticas ou ideológicas.

De que adiantou a nossa simpatia pelo povo boliviano se o seu dirigente impôs o que quis e desapropriou receita e lucros da principal empresa brasileira, a Petrobras? De que adianta nos aproximarmos de Hugo Chávez quando os Estados Unidos ameaçam tirar o Brasil do Sistema Geral de Preferências, que facilita a entrada de produtos oriundos de países em desenvolvimento?

Sejamos práticos. O Brasil terá de optar entre uma política de bate-papo e uma política de emprego. Penso que os brasileiros preferem a segunda.

As nossas lições de casa

Não se pode ter a ilusão de achar que os problemas internos do Brasil venham a ser resolvidos pela benevolência dos nossos "parceiros" externos. Temos de fazer a nossa lição de casa. Há muita pobreza e muita desigualdade que são criadas por fatores internos e, em especial, por leis de má qualidade. Nós é que temos a responsabilidade de mudar as leis e as instituições que agravam esse quadro – não precisamos de ajuda externa.

O Brasil está dentro da pandemia mundial que se caracteriza pelo descompasso entre crescimento e emprego. Mas o nosso país tem crescido muito pouco nos últimos 25 anos – em média 2,5% ao ano. O grande desafio é crescer mais e, de forma sustentada, modernizar as instituições, educar melhor, aumentar a produtividade e ampliar as oportunidades de emprego.

Apesar de serem forças aparentemente contrárias, é intrigante verificar que há países e regiões que estão tendo êxito na combinação dessas forças. O caso mais eloqüente é o da Ásia. É verdade que, hoje em dia, países como a China e a Coréia crescem muito mais depressa do que o Brasil. Mas, durante muito tempo, os quatro Tigres Asiáticos (Coréia, Taiwan, Cingapura e Hong Kong) cresceram tanto quanto o Brasil e, ainda assim, geraram mais empregos do que nós.

Em que consistiu o milagre asiático? Será que a região deixou de usar tecnologia? Será que o emprego surgiu de investimentos intensivos em mão-de-obra? Nada disso. Nesses países, houve uma conjugação favorável de fatores, derivada de mudanças nas políticas e instituições nacionais que acabaram dando um bom resultado no campo do emprego. Um dos mais importantes foi o conjunto de políticas estimuladoras da exportação de produtos industriais, que, nos últimos vinte anos, cresceu, em média, 9% ao ano. Isso fez uma enorme diferença, inclusive na geração de empregos. Nos Tigres Asiáticos, a exportação de manufaturados responde por 78% do total de exportações, enquanto na América Latina não passa de 31%.

Outro fator de extrema importância foi a entrada maciça de capitais estrangeiros na região. Na segunda metade da década de 1990, as empresas multinacionais responderam pela criação de 12 milhões de empregos nos países em desenvolvimento, dos quais 8 milhões surgiram na Ásia. Na década de 1980, o emprego cresceu cerca de 2,3% ao ano em Hong Kong e 5,9% em Cingapura. O emprego na indústria cresceu, em média, 6% ao ano. O salário real cresceu apenas 5%.

Além desses fatores, o bom resultado no emprego decorreu de políticas bem articuladas e baseadas na estabilidade econômica, em bons níveis de poupança e altos investimentos domésticos. Como dissemos, a China de hoje investe cerca de 40% de seu PIB, enquanto o Brasil mal chega à metade disso.

O resultado foi a incorporação da região à economia mundial. Como vimos, o comércio internacional, quando bem praticado, constitui uma grande vantagem no campo do emprego.

Mas, por trás de tudo, contaram muito os investimentos dos países asiáticos na capacitação de seus trabalhadores por meio da educação geral e do ensino profissional. Essas duas medidas são tão estratégicas quanto as demais.

Quando se olha para a conjugação de ingredientes que responde pela geração de empregos no mundo atual, verifica-se que a nossa lição de casa é enorme. O Brasil é ainda marcado por uma perversa combinação de fatores nesse campo: 1) baixo investimento doméstico – público e privado; 2) alta tributação dos empreendimentos produtivos; 3) taxas de juros reais extremamente elevadas; 4) falta de estímulos e insegurança jurídica para a entrada de capitais produtivos; 5) exportações concentradas em *commodities*; 6) regulamentação excessiva no campo trabalhista; 7) educação de má qualidade e qualificação de mão-de-obra insuficiente e precária.

A referida lição de casa tem de conseguir reverter o quadro acima. Nossa juventude, que necessita trabalhar, precisa que o governo e a sociedade em geral se engajem nas tarefas que deram certo em outras partes do mundo.

Como competir com a China?

Hoje, todos perguntam: como competir com a China? O Brasil mantém um superávit da ordem de 1,8 bilhão de dólares no comércio com o gigante asiático. Mas o grosso desse superávit vem da soja e do minério de ferro. Nos produtos industrializados, a situação se inverte. Há 46 produtos brasileiros, em especial siderúrgicos, óleos vegetais e carnes, que penetram mal no mercado chinês apesar de serem bem aceitos no resto do mundo. Outros 58 produtos, também mundialmente valorizados, têm enorme dificuldade de entrar na China, como metalurgia de não-ferrosos, móveis e até produtos agropecuários (CNI, "O dragão atrai e assusta", Revista *Indústria Brasileira*, novembro de 2005). O Brasil não vende para a China; é a China que compra do Brasil.

As autoridades brasileiras costumam atribuir às empresas a baixa agressividade no mercado chinês. Essa é uma meia-verdade. De fato, chegar à China exige denodo, conhecimento da cultura, agilidade e competência. Mas é imperioso que os produtores brasileiros tenham suas vidas facilitadas por uma melhor infra-estrutura, logística e educação, assim como pela redução dessa obscena carga tributária e atualização da antiquada legislação trabalhista.

Temos, sim, condições de competir com a China. Mas isso não acontecerá por milagre ou por inércia. Precisamos dar muitos saltos para vencer os entraves que encarecem o nosso produto, restringem a variedade e comprometem a qualidade. É uma luta de dez ou quinze anos.

Mas a China não estará mais longe quando chegarmos lá? É claro que os chineses não vão parar nem esperar que a competitividade do Brasil se eleve a ponto de deslocar seus produtos dos mercados internacionais. Mas eles também têm seus problemas. A mão-de-obra qualificada começa a faltar. As "insurreições" trabalhistas estão demandando melhores salários e condições de trabalho mais dignas. A população está cada vez mais impaciente com o fato de apenas um terço da força de trabalho industrial estar protegida pela Previdência Social, demandando uma extensão dessa proteção, o que custa caro e encarece os produtos. Finalmente, a China está sob forte pressão para produzir energia não poluente, o que também requer investimentos de grande monta.

A poluição é um dos maiores problemas do país. Entre 2000 e 2005, suas emissões de enxofre cresceram 26 milhões de toneladas. Em poucos anos a China vai superar os Estados Unidos, tornando-se o maior produtor do mundo de dióxido de carbono. Cerca de 70% das usinas de energia são movidas a carvão de péssima qualidade. Em 2004, a China consumiu cerca de 2 bilhões de toneladas de carvão – mais do que Estados Unidos, União Européia e Japão juntos. Dentre as vinte cidades mais sujas poluídas do mundo, dezesseis estão na China (Andréas Lorenz e Wieland Wagner, "China espalha veneno por todos os cantos do planeta", *O Estado de S. Paulo*, 11/02/2007).

Mas, é claro, não podemos contar apenas com o eventual fracasso da China. Precisamos nos ancorar no necessário progresso do Brasil. No campo da competição com outros países, não haverá milagres. A receita é trabalhar duro para fazer o que precisa ser feito, com a mentalidade de estadista e o pensamento voltado para os próximos vinte ou trinta anos. Como todos estarão evoluindo, a corrida terá de ser feita em alta velocidade e com muita responsabilidade. Com isso, o Brasil poderá se beneficiar de todas as benesses deixadas por Deus e ocupar um lugar de destaque no comércio internacional, do qual participamos, nunca é demais lembrar, com apenas 1% das exportações.

Estabilidade econômica e empregos

Nos primeiros cinco anos da presente década, o Brasil conseguiu dar um bom salto nas exportações e, ao mesmo tempo, pôr uma certa ordem na economia interna, em especial na estabilização da moeda. Continuamos, porém, com um problema crônico. Para o Brasil, tem sido mais fácil combater a inflação do que crescer e gerar empregos.

O que impede o governo federal de implementar modelos que resolvam os dois problemas ao mesmo tempo? Afinal, tantos países fizeram isso – e com sucesso. Não é preciso sair da América Latina para recolher exemplos. O do Chile é o mais eloqüente.

Os próprios economistas, porém, estão cansados de alertar para o fato de que, sem um severo controle do déficit público, não se chega ao crescimento com preços estáveis. Nesse sentido, o país progrediu pouco. Nos últimos anos, houve até retrocesso. As despesas públicas explodiram, e os investimentos minguaram.

Os dados são preocupantes. Em 2005, as despesas de custeio do governo federal chegaram a 64 bilhões de reais, enquanto os recursos alocados em investimentos ficaram em 16 bilhões de reais. Isso é um absurdo. O que o governo gastou na compra de material, pagamento de serviços de terceiros, cafezinhos e viagens foi quatro vezes mais do que investiu em rodovias, saneamento e energia elétrica. O quadro se repetiu em 2006, com certos agravantes no campo das despesas com pessoal e viagens do governo.

Esse não é um pecado do atual governo. As distorções vêm de longe. Nos últimos doze anos, o gasto público aumentou quase 90% em termos reais, ou seja, acima da inflação. Assim não há bolso que agüente para pagar tributos ao governo, que, aliás, bate recordes de arrecadação todos os anos. Qualquer empresa que praticasse o expediente de gastar mais do que ganha, e ter despesas que superam a inflação a cada ano, teria quebrado há muito tempo.

Se há uma reforma a ser feita com a máxima urgência é a da área fiscal. Esta, a propósito, não exige mudança na Constituição Federal nem confrontos desgastantes entre os parlamentares. É o tipo de reforma que, no jargão atual, depende da chamada "vontade política".

A redução nas despesas e o aumento na eficiência nos gastos do governo permitiriam reduzir drasticamente a relação entre a dívida pública e o PIB, que, hoje, está em torno de 50%. Um estudo da Federação das Indústrias do Estado de São Paulo (Fiesp) indica que, se essa relação caísse para 25% em 2015, a taxa de crescimento do PIB brasileiro saltaria de 2,5% para 7% nesse ano, o que representaria uma média anual de 5,7%. Aí, sim, se poderia pensar em uma boa base (necessária, mas não suficiente) para se contar com emprego e renda adequados para os que entram e para os que já estão no mercado de trabalho. Aliás, essa seria a taxa compatível com a abundância de recursos naturais de que o Brasil dispõe e com a capacidade de trabalho da nossa gente. Para os que gostam de *slogans*, vou repetir: essa travessia depende só de vontade política, cujo lema poderia ser: criar empregos construtivos, sim; empreguismo, não.

Empregos de má qualidade

O fato concreto é que os empregos gerados nos últimos anos, além de poucos, são de má qualidade. Exponho aqui um exemplo que revela o desespero dos que desejam trabalhar na sua profissão e não conseguem uma oportunidade.

No momento em que o Brasil precisa melhorar a qualidade da educação, li nos jornais, recentemente, que uma jovem formada em pedagogia estava buscando um emprego de gari no Rio de Janeiro, numa fila onde se acotovelavam 30 mil pessoas, no meio de um grande tumulto.

Como a pedagoga, estavam na fila advogados, médicos, fisioterapeutas, contadores e vários outros profissionais frustrados por viverem em um país que lhes permitiu estudar, mas não lhes permite trabalhar. Como esse exemplo, a busca de empregos de baixa qualificação por quem tem mais preparo é, hoje em dia, generalizada de norte a sul do país.

É um absurdo! Os brasileiros estão desesperados. Todos querem trabalhar. A fila de 30 mil pessoas no Rio de Janeiro é uma prova disso. Trata-se de um povo ordeiro, que deseja construir sua vida com base no trabalho decente, e não socorrido por esmolas e programas de emergência.

Gari é uma profissão decente. O salário é baixo, é verdade, mas é o que sobrou para a nossa pedagoga. E, mesmo assim, a conquista desse posto de trabalho envolveu muitas desavenças, surgidas do excesso de candidatos, muitos dos quais entraram na fila numa sexta-feira à noite e foram atendidos na segunda-feira de manhã, sendo depois dispensados por não ter conseguido comprovar que tinham completado a quarta série do ensino fundamental.

Foi incrível que, no evento, as autoridades tivessem de usar granadas de gás lacrimogêneo e mobilizar o Grupamento de Ações Táticas do

Primeiro Batalhão da Polícia Militar do Rio de Janeiro e até o Grupamento Tático de Motocicletas – todos eles empenhados em "espantar" os presentes, que nada mais queriam do que trabalhar. Sim, trabalhar. Simplesmente trabalhar!

Esse é o tratamento que a nossa sociedade resolveu dispensar aos desempregados. Sinceramente, não esperava chegar aos 79 anos de idade e 57 de trabalho para ver isso acontecer aos meus semelhantes em um país tão rico, tão cobiçado e tão maltratado. Chegamos a um limite – o limite da vergonha. É vergonhoso ver milhares de pessoas apanharem numa fila porque querem trabalhar e uma pedagoga disposta a varrer as ruas porque, para ela, não há lugar na sala de aula.

Isso me entristece. Entristece muito. Alguma coisa tem de ser feita, e com urgência. O Brasil tem tudo para empregar bem o seu povo. Basta olhar para a potencialidade da nossa agricultura, do turismo, da infra-estrutura, da educação, da saúde e de tantas outras áreas carentes e necessitadas da contribuição humana. Temos que dar um basta na especulação e fazer este país voltar-se de corpo e alma para a produção e para o emprego – as principais prioridades da nação.

As reformas de segunda geração

A agenda de reformas estruturais é grande e precisa ser atacada com a máxima presteza. Sai governo, entra governo, e esses temas permanecem na "gaveta das prioridades".

Achei oportuna a conduta do Banco Mundial ao enfatizar a necessidade de o Brasil marchar em direção às "reformas de segunda geração" para acelerar o desenvolvimento econômico, incluindo nessa categoria as reformas da tributação, educação, justiça, administração e do trabalho. Segundo os especialistas desse banco, uma vez estabilizada a moeda, a produção e o emprego passam a depender dessas mudanças.

Quanto à reforma tributária, **inexiste** no mundo qualquer país que deseja comprar imposto, especialmente do exterior. Exportar impostos é uma missão impossível. Apesar de essa constatação ser óbvia e transparente, o Brasil, em lugar de reduzir os impostos, vem praticando políticas que aumentam a carga tributária – o que afeta negativamente os investimentos e o emprego.

Os trabalhadores sabem que seus empregos dependem do desenvolvimento das empresas. Os dados são inequívocos. Em média, para cada 1 bilhão de dólares exportado, gera-se cerca de 70 mil empregos. Isso de fato ocorreu no Brasil. A ampliação das vendas externas nos últimos cinco anos trouxe dias um pouco melhores no que diz respeito a emprego, embora a maioria dos novos postos fosse insuficiente e de baixa qualidade.

O Brasil precisa sair da situação atual, em que quase dois terços da força de trabalho está amargando problemas de emprego. Sim, porque temos quase 10% de desempregados e mais de 50% trabalhando na informalidade.

Quase todos concordam com a prioridade da reforma tributária. Ao mesmo tempo, poucos concordam com o modo de fazer. Ninguém admite perdas, mesmo que sejam temporárias e para o bem do Brasil e do povo brasileiro.

Reforma tributária sempre envolve interesses divergentes de governadores e prefeitos. Mas o Brasil precisa partir de alguns princípios gerais para negociar uma reforma que ajude o todo sem prejudicar as finanças das unidades da federação. Trata-se de uma tarefa complexa, mas, acredito, plenamente factível.

Atrevo-me a sugerir o seguinte: 1) a prioridade número 1 está em ampliar a base dos que pagam impostos. É inaceitável uma sonegação de

50%, como ocorre no atual sistema; 2) é essencial deslocar a tributação mais para o lado do consumo do que da produção, como, de resto, fazem todas as economias avançadas.

Com esses dois princípios em mente, e com mecanismos temporários de compensações de eventuais perdas, parece-me possível criar um ambiente político construtivo para se fazer essa urgente reforma e criar condições mais favoráveis ao emprego dos brasileiros. Esse é o melhor dote que podemos deixar para a nossa juventude.

É interessante verificar que, em toda campanha eleitoral, a promessa da reforma tributária ganha enorme destaque. E, acertadamente, os candidatos ligam essa reforma com a questão do emprego. Mas campanha é campanha. É muito fácil prometer. O difícil é fazer a reforma e gerar empregos. Isso depende, sobretudo, de uma boa liderança do governo federal, a ser exercida junto à classe política e à sociedade em geral. Os congressistas não podem gerar empregos. Mas está em suas mãos o poder de criar as condições, que, por sua vez, permitem aos empregadores criar novos postos de trabalho.

É claro que a globalização, a competição internacional e a revolução tecnológica continuarão conspirando contra o emprego interno. Mais uma razão para se promover as reformas com a máxima urgência. O tempo é curto. As ações exigem rapidez. A prorrogação da atual agonia será o atestado de óbito para o emprego e para os maus candidatos.

A liderança que se exige nessa reforma é a mesma que se exige nas demais reformas de segunda geração, em especial as que, quando mal explicadas, geram intranqüilidade no povo, como é o caso das reformas trabalhista e previdenciária.

A pedagogia das reformas é tão importante quanto as reformas propriamente ditas. As reformas de segunda geração precisam ser muito bem explicadas ao povo. Quando o povo fica a favor, o trabalho junto aos parlamentares se torna muito mais fácil. Quando o povo fica contra, o convencimento dos parlamentares é impossível. Afinal, os políticos dependem dos votos da população.

O caso mais eloqüente nesse campo é o da reforma trabalhista. É por demais conhecido que o Brasil possui um quadro legal demasiadamente detalhado, inflexível e estimulador de conflitos, como já salientamos anteriormente neste livro. Em lugar de fixar as regras do jogo, as nossas leis definem os resultados do jogo, chegando ao cúmulo de a Carta Magna estabelecer o valor da hora extra, do abono de férias e de vários outros benefícios que, nos países avançados, são objeto de negociação.

Esse tipo de reforma, entretanto, assusta as pessoas, que temem ver seus direitos sociais revogados. Ora, não há a menor necessidade de revogar direitos de quem os tem. O importante é estender direitos para quem nada tem e está no setor informal da economia, o que já atinge quase 60% dos brasileiros que trabalham. A explicação desse princípio é essencial para viabilizar uma reforma trabalhista democrática, que simplifique a vida das empresas e amplie as oportunidades de emprego.

A falta de explicação dos propósitos da lei do primeiro emprego na França, em 2005, acabou por destruir uma boa idéia, que era, exatamente, a facilitação do emprego para os jovens desse país. A pedagogia dos projetos de lei é tarefa dos políticos. Eles precisam usar a didática que têm para conquistar o voto do eleitor e explicar ao povo o que é importante para o país e para a geração de empregos.

Confiança ilimitada no Brasil

O Brasil tem todas as condições para se transformar em uma nação de muitos empregos, a despeito da revolução tecnológica que está em curso. Aqui está tudo por ser feito. Nossa infra-estrutura é precária. O déficit habitacional é enorme. A necessidade de energia é imensa. Só nesses setores, o deslanche de obras e construções tem uma capacidade colossal de gerar novos postos de trabalho.

Para se chegar lá, o controle do déficit público, a reformulação dos tributos, as mudanças nas instituições do trabalho e a melhoria da qualidade do nosso ensino são ingredientes fundamentais para se pensar em um Brasil que seja capaz de crescer e se desenvolver na proporção de seu tamanho e de suas potencialidades.

Nessa jornada, os jovens terão um papel crucial e, ao mesmo tempo, serão os grandes beneficiários do crescimento do Brasil. Em um país em que há tanto para ser feito, é claro que o futuro dos jovens é promissor. Nada pode ser feito sem trabalho, criatividade e dedicação – qualidades que os jovens brasileiros possuem em grande escala, o que os torna prontos para liderar esta grande nação.

É verdade que temos de superar vários constrangimentos. O que fazer enquanto isso não muda? Sejamos realistas. Se formos esperar que o governo e o Congresso Nacional realizem tais reformas para, então, começar a investir, nosso povo vai ficar na pior – sem empregos e sem renda.

O ponto central aqui é o de confiar ou não confiar no Brasil. Os que confiam, olham para a frente e vêem que este país precisa de uma produção crescente; por isso, investem em fábricas, fazendas, escolas, hospitais e tudo aquilo que serve de sustentação da nossa economia.

Os que não confiam, enchem-se de ativos especulativos, que permitem sair da zona de risco ao primeiro espirro do governante. Mesmo porque, analisando friamente, tais aplicações geram lucros maiores e mais rápidos que os investimentos na produção.

Felizmente, minha família foi educada para ter uma confiança ilimitada em nosso país. Isso veio de meu pai. Por ter vivido intensamente o mundo da política e o mundo da produção, ele nos ensinou: "Os políticos passam, o Brasil fica; os governantes são lentos, os brasileiros têm pressa; os eleitos pensam nas próximas eleições, os pais de família formam as próximas gerações. Por isso, arregacem as mangas e trabalhem com amor".

Graças a Deus, transmitimos esses valores aos nossos filhos e netos. Eles compreenderam que os interesses coletivos têm de estar acima dos interesses individuais.

Chegando perto dos 80 anos, vejo que é grande o número de brasileiros que se entrega à produção e que sua a camisa por acreditar no país. Ainda bem.

É claro que, se as reformas tivessem sido feitas há dez ou quinze anos, estaríamos em um ambiente maravilhoso para investir mais e tirar o máximo proveito dos bons ventos que sopram na economia mundial, dando ao povo brasileiro melhores condições de trabalho. Na falta das reformas, só nos resta trabalhar em dobro e não esquecer o que é fundamental para se chegar ao sucesso: qualidade nos produtos, seriedade no trabalho e humildade na conduta.

Por trás de tudo isso, há um denominador comum: a boa educação e o tratamento condigno dos colaboradores. Aqui, também, sobrou para os produtores colaborarem como podem, ajudando a educar e a cuidar da saúde dos nossos irmãos. Mas sobrou muito para a juventude. Nós, os mais velhos, fizemos o que deu para fazer e deixamos as bases para a continuidade na trajetória do crescimento. Os jovens é que vão agarrar a bandeira daqui para a frente e, tenho certeza, farão do Brasil um país do Primeiro Mundo.

Veja outras publicações da Editora Gente

1. Santas receitas
   Sonia Abrão

2. Casais inteligentes enriquecem juntos – Finanças para casais
   Gustavo Cerbasi

3. As coisas boas da vida
   Anderson Cavalcante

4. Heróis de verdade – Pessoas comuns que vivem sua essência
   Roberto Shinyashiki

5. Filhos autônomos, filhos felizes
   Cris Poli

6. Mulheres ousadas chegam mais longe –
   101 erros inconscientes que atrapalham a sua carreira
   Lois P. Frankel

7. Organize-se – Soluções simples e fáceis para vencer o
   desafio diário da bagunça
   Donna Smallin

8. Pedagogia do amor – A contribuição das histórias universais para a
   formação de valores das novas gerações
   Gabriel Chalita

9. Pegadas – Como atravessar os sete mercados e criar prosperidade nos negócios e na vida
   Roberto Adami Tranjan

10. Vendedoras boazinhas enriquecem
    Elinor Stutz

11. Anatomia de uma vida secreta – Descubra aqui: pessoas com uma vida oculta são mais comuns do que se imagina
    Gail Saltz

12. A linguagem de Deus – Um cientista apresenta evidências de que Ele existe
    Francis S. Collins

13. 50 maneiras de decifrar seu homem – Estratégias secretas que revelem como ele é de verdade
    Todd Lyon

14. Viva como você quer viver – 5 passos para a realização
    Eduardo Shinyashiki

15. Nadar ou afundar – Emprego novo chefe novo: Você tem 12 semanas para ser indispensável
    Milo &Thuy Sindell

Este livro foi impresso pela
Prol Gráfica em papel *offset* 90 g.